憲法改正を よく 考える

Taking Constitution Seriously

阪口正二郎・愛敬浩二・青井未帆
［編］

日本評論社

憲法改正という問題について「よく考える」ことの勧め
――序にかえて

現在、憲法改正問題が急速に具体的な課題として政治的日程に上がりつつある。

昨年（２０１７年）秋の総選挙において、自民党は４つの具体的な改憲項目を選挙公約に掲げた。本年（２０１８年）３月25日に開催された自民党の党大会において、これを受けた形で、二階幹事長は、自民党憲法改正推進本部がまとめた、①戦力の不保持を明記した憲法９条２項を維持しながらも、自衛隊の保持を憲法に明記する、②緊急事態条項の創設、③参議院選挙における合区の解消、④経済的理由にかかわらず教育が受けられる環境を整備する、という４項目に関する条文素案を報告し、これに基づいて他党との協議を進めるとした。党大会における演説で、安倍首相は、②～④の項目には触れなかったものの、自民党結党以来の課題である憲法改正に取り組む時が来た、自衛隊を明記し、違憲論争に終止符を打つべきだと述べた。

しかし、他方では、この間、森友学園への国有地払い下げ問題、さらにはそれに伴う財務省における文書改ざん問題等で安倍政権は支持率を急速に落としており、現時点で安倍首相の悲願である憲法改正の先行きは非常に不透明である。

このように、憲法改正がいつ、そしてどのような形で実現されるかは現時点では明確に予測できないものの、憲法を改正すべきかどうかという問題が、具体的な項目まで示した形で問題になっていることは戦後初めての状況であり、私たちはこの問題について真剣に考えておく必要がある。たしかに、憲法改正をめぐる現在の動きが、安倍晋三という特異なキャラクターを有する人物によって主導されていることは事実であり、安倍政権の動向やその帰趨がこの問題の行方に大きな影響を与えていることも事実である。その何よりの証左は、野党の一部に、「安倍政権の下での憲法改正は許されるべきではない」との議論が強く存在していることに示されている。

しかしながら、安倍政権の帰趨によって、いつ切羽詰まった政治問題として私たちに問われるかは変わるものの、現在の日本において、憲法改正という問題が必ず問われることになることは否定できないように思われる。もともと憲法の改正ということを結党以来の党是としている自民党は、野党であった2012年4月に「日本国憲法改正草案」という形で具体的な改正案を提示しているが、その自民党は2012年暮れの総選挙以来政権を維持している。自民党内部において、いつ、そしてどのように憲法改正を行うべきかをめぐって意見対立はあるものの、憲法を改正すべきだという点については幅広いコンセンサスがある。また自民党と連立を組んでいる公明党の立場もこの点ではさほど変わりはないように見受けられる。さらには、野党のなかにも、憲法を改正すべきだという意見は一部に強く存在している。

こうした状況のなかで、本書は、主権者である読者のみなさんと一緒に、憲法改正という問題について、一度立ち止まって、よく考えようとするものである。

日本国憲法は、私たち国民を「主権者」としており、特に憲法の改正については国民投票という形で私たち自身の判断を直接問う仕組みになっている。しかし、政治に関わる問題は難しく、憲法改正という問題もその例外ではない。どう考えていいのか分からないというのが、多くの人々が有する素直な感覚であろう。また、私たちは、日常的に、自分に関わる――仕事で判断を求められる問題についてどう判断すればいいのか、どのように仕事先、上司、部下との関係を処理すればいいのか、どのような職を選べばいいのか、子どもをどのように育てればいいのか、彼氏・彼女とどのように付き合っていけばいいのか、等々といった――極めて重要で難しい判断を求められる問題に追われており、憲法改正という問題について立ち止まってじっくり考えている余裕などないと考える人も少なくないだろう。

そうしたことを考えると、この問題について、真剣に考えないという選択もあり得るかもしれない。それは、それで一つの「選択」ではある。しかし、それも一つの「選択」である以上、その「選択」をなすことの最終的な責任とリスクについては、自分で引き受けなければいけないということを自覚しておく必要がある。この問題について「考えない」という選択をなすことは、「主権者」であることを放棄するという「選択」を意味する。その「選択」の責任とリスクは極めて大きい。

第一に、民主主義の下で「主権者」であることを放棄したとき、私たちは、私たちよりも強力な権力を有する人たちによる支配を許容することになる。権力を有する人たちの「言いなり」になることを受け入れることになってしまう。第二に、民主主義の下では重要な政治決定は「主権者」である、私たち国民の名において正当化されることになる。したがって、自分だけでなく他者に対する権力行使も、私たち「国民」の名において正当化される以上、それについても私たちは責任を問われることになる。

しかも、現在の日本国憲法は硬性憲法であり、改正は容易ではない。憲法の改正には、衆参両議院の総議員の3分の2以上の賛成による改正案の発議と国民投票における過半数の国民の同意が求められる仕組みになっている。したがって、憲法を改正することは簡単ではないが、いったん改正されてしまうとそれを覆すこともまた簡単ではない。憲法改正について他人任せにすると、将来の世代に無責任につけを回すことになる。

このように考えると、やはり私たちは「主権者」として、憲法改正という問題を自らの問題として引き受けて、よく考える必要があるはずだ。

本書は、二部構成となっている。

第Ⅰ部では、そもそも憲法を改正する必要がある場合とはどのような場合なのか、憲法を改正することはどのような意味をもつのか、改正するためにはどのような手続を経ることが必要で、どうしてそのような手続が必要とされるのか、なぜ法律の改正とは異なって憲法の改正には国民投票という形で国民の直接的な関与が求められるのか、といった憲法を改正することに関わる基本的な問題についての解説を行う。

第Ⅱ部では、改正が必要だと主張されている具体的な項目を取り上げて、個々の具体的な項目について、憲法を改正する必要があるのかどうか、改正した場合にどのような影響があるのかを検証する。

また本書は、それ以外に「コラム」という形で、主要な先進国において、憲法改正はどのような形で行われるのか、どのように行われてきたのか、それはどのような意味をもったのか検討している。本書がそうした「コラム」を設けた理由は、他国の経験から学ぶべきことは多いこと、日本における問題を相対化する必要性もあること、グローバル化した現在の世界において、日本の憲法改正は日本にとどまらない影響をもつこと、という3つの理由による。

本書を手にとるような人々は、日々生活に追われ、振り回されながらも、憲法改正ということが新聞やテレビなどのメディアで問題になるなかで、「主権者」である以上、少しは憲法改正という問題について関心をもってみたほうがいいかもしれない、と考える人たちだと思われる。本書は、憲法を専門的に勉強してきた人間の立場から、そうした読者のみなさんに、憲法を改正するとはどういう意味をもつことなのか、改正が必要とされる具体的な項目についてどのように考えればいいのか、という点について一定の考え方の道筋を示す形で、読者のみなさんと一緒に憲法改正という問題をよく考えようとするものである。

本書が生まれたきっかけは、日本評論社の編集者である鎌谷将司氏から私たち3人に、憲法改正問題について人々が考える際の参考になるような書物を作ってみたいとの熱い問題意識に基づく提案をいただいたことによる。その後、何回かの4人での会合を経て、出版に向けた具体的な計画を詰めるとともに、できるだけ学界の中堅・若手の研究者の協力を求めようということになった。幸いにも憲法・行政法学界の優れた研究者の協力を得て、本書は刊行の運びとなった。

本書は、鎌谷さんのきめ細やかな編集作業と、本書の企画趣旨に賛同し、力作をお寄せいただいた研究者のみなさんの協力なくしては世に送り出すことはできなかったと思われる。編者一同、厚くお礼を申し上げたい。

２０１８年４月５日

編　者　阪口正二郎・愛敬浩二・青井未帆

目次

第Ⅰ部

憲法改正とは何か

第１章　憲法改正をよく考えるための基礎知識

愛敬　浩二

１　はじめに

共同通信が２０１８年2月10・11両日に実施した全国電話世論調査によると、戦力不保持を定める9条2項を維持し、自衛隊の存在を明記すべきとの回答（安倍晋三首相の9条改憲論を支持する回答）が38・3％、二項を削除した上で自衛隊の目的・性格を明記すべきとの回答が26・0％、自衛隊明記の改憲は必要ないとの回答が24・9％であった。興味深いのは、安倍首相の下での改憲に賛成する意見が38・5％、反対する意見が49・9％であったことである。この世論調査を見るかぎり、安倍首相の改憲提案の支持率が一番高いけれども、国民の半数は安倍首相の下での憲法改正には反対であるという、少々理解しがたい状況にあるといえる（中日新聞２０１８年2月12日付朝刊）。

このような世論調査の結果については、さまざまな分析・評価が可能であろう。ただし、この調査結果を見て、私が少し心配になったのは、「憲法改正をよく考える」ために必要な基礎知識や心構えが、国民の間に浸透しているのだろうか、という点である。そこで、本章の2と3では、安倍首相や一部のメディアが改憲論議に熱心であるにもかかわらず、国民の間では必ずしも盛り上がらない理由を私なりに考えてみたい。4では、憲法改正の問題に関する教科書風の説明を最小限度行い、5では、改憲論議を混乱させて、「憲法改正をよく考える」ことを困難にする「押しつけ憲法」論の問題点を明らかにする。最後に6では、現在の政治情勢の下で改憲論議に向き合う際の「心構え」について論ずる。

2　憲法改正というドラマ

憲法学者としての感想を述べるならば、スティーブン・スピルバーグ監督の映画『リンカーン』（2012年）は、「憲法改正というドラマ」を感動的に描き出した作品である。『リンカーン』で取り上げられたのは、奴隷制の廃止を定めるアメリカ合衆国憲法第13修正の成立過程におけるエイブラハム・リンカーン大統領の苦闘である。第13修正の条文を掲げておこう。

> 第13修正〔1865年成立〕
> 第1節　奴隷または意に反する苦役は、犯罪に対する処罰として当事者が適法に有罪宣告を受けた場

合を除いて、合衆国またはその管轄に属するいずれの地域内においても存在してはならない。
第2節　連邦議会は、適当な立法によって本条の規定を実施する権限を有する。

1788年に成立した合衆国憲法は明文で奴隷制を容認していた。当時のアメリカ合衆国は、奴隷制を維持する「奴隷州＝南部諸州」と、奴隷制を廃止した「自由州＝北部諸州」の連合だった。そのため、合衆国憲法の下で黒人奴隷は、奴隷州から自由州に逃亡した場合は引渡しの対象とされ（4条2節3項）、州の人口に比例して配分される下院の議席と直接税との関係では、「5分の3」人前の人間として取り扱われていた（1条2節3項）。*1

奴隷制への賛否が原因となった南北戦争（1861－65年）の最中、リンカーンは第13修正の制定に着手する。合衆国憲法の改正には、両院議員の3分の2以上の賛成による発議と4分の3以上の州による承認が必要である（5条）。そのため、リンカーンは奴隷制廃止を支持する共和党だけではなく、反対派の民主党議員からも賛成票を獲得しなければならない。しかし、民主党議員や南北戦争の早期終結のために南部との妥協を重視する共和党保守派との連携を優先すれば、奴隷制廃止の憲法改正は穏健なものとなり、「人種間の平等」（社会関係における差別の解消まで含む）を訴える共和党急

＊1　下院の議席の配分を多くするため、奴隷州である南部諸州の側が、「黒人も人間として人口に数えろ」と主張し、北部諸州がそれに反対した。一人の人間を「5分の3」と計算する妥協は、アメリカ憲法史上の「汚点」として記憶されるべきものであろう。

進派の支持を失う恐れもある。『リンカーン』はこの政治状況をわかりやすく描いており、感心した。

映画のなかでリンカーンは権謀術数も使いつつ、自らの信念を実現するために奮闘する。私が最も感動したのは、リンカーンの信念に打たれた急進派の大物議員タデウス・スティーブンス（トミー・リー・ジョーンズが好演）が下院での３分の２以上の賛成を獲得するため、敵と味方の両方から変節を罵られることに耐えつつ、日頃の急進的な意見（人種間の平等）を封印して、第13修正の穏健な解釈（公的機関による差別の禁止）を擁護する演説を行ったシーンである。もし過半数の賛成で憲法改正が発議できるのであれば、このシーンも存在しなかったことになる。そうしたら、『リンカーン』の感動も半減したことであろう。

時代の変化に合わせて、主権者である国民が熟議を通じて政治を改善し、必要な場合には憲法も改正して、よりよい立憲民主主義体制を作り上げていくことの大切さを私も否定しない。その際、偉大な政治家が重要な役割を果たす可能性についても、私は否定しない。問題は、日本の現在の改憲論議がそのような性質のものなのか、である。

3　安倍改憲という喜劇（悲劇）？

自民党が政権を奪還した総選挙の翌日の記者会見で、安倍晋三は早くも、憲法改正手続を定めた憲法96条について、日本維新の会やみんなの党と連携して改正を実現したいとの意欲を示した（２０１２年12月18日）。２０１３年前半、安倍首相はこの問題に熱中する。読売新聞のインタビューで、①夏の参院選で勝利し、改正に前向きな3分の2以上の勢力を確保、②幅広い支持を得やすい96条の改正に着手、③集団的自衛権の行使に関しては憲法解釈の変更で対応、という「憲法改正の工程表」を示してみせた（２０１３年4月16日朝刊）。しかし、96条改憲論は世論の支持を得ることができず、徐々にトーンダウンしていき、7月の参議院選挙でも、政権与党は96条改憲を選挙の争点にしなかった。

安倍首相はその後、③の「工程」の進行に熱中する。２０１４年7月1日の閣議決定「国の存立を全うし、国民を守るための切れ目のない安全保障法制の整備について」で政府解釈の変更による集団的自衛権行使の「限定」解禁に踏み切った安倍政権は、２０１５年5月14日の臨時閣議で、「安保関連法案」を決定し、国会に提出した。同法案は、7・1閣議決定を具体化するため、自衛隊法・武力攻撃事態法・周辺事態法等の10本の法律を一括改定する「平和安全法制整備法案」と、自衛隊の海外派遣を随時可能とする「国際平和支援法案」の2本からなっている。安倍政権は、憲法学者のみならず、元最高裁長官や歴代の内閣法制局長官による違憲との評価を顧みず[*2]、また、反対運動の高揚を前にして国民の理解を求める努力さえしないまま、7月16日午後に衆議院本会議で、9月19日未明に参議院本会議で、法案の議決が強行されて、安保関連法が成立した。

しかし、安保関連法を制定しても、安倍首相の「改憲への野望」は止まらない。安倍は早くも翌年

＊2　国会での法案審議の過程で内閣法制局長官経験者の参考人（大森政輔・阪田雅裕・宮崎礼壹）が集団的自衛権行使を違憲と考える立場から反対意見を述べたほか、山口繁・元最高裁長官も新聞紙上で、「集団的自衛権行使を認める立法は違憲である」と明言した（朝日新聞２０１５年9月3日）。

の通常国会において、憲法改正を「私の在任中に成し遂げたい」と明言したのである（２０１６年３月２日・参院予算委員会）。２０１７年の憲法記念日、安倍首相は唐突に、９条１項・２項を維持しつつ、自衛隊を合憲の存在とするための条文を追加するという「９条加憲」を提案し、さらに６月24日の講演では自民党総裁の立場で、党の改正案を年内に国会に提出する意向を示した。

安倍首相はなぜ、こんなにも９条改憲を急ぐのか。「９条加憲」が実現しても自衛隊の任務や権限に変更は生じないと安倍首相は繰り返し述べているので（最近の例として、２０１８年１月31日・衆院予算委員会）、急ぐ理由がわからないどころか、そもそも改正の必要性があるのかも疑問である。しかし、話は単純である。自民党総裁の任期は３期９年のため、２０１２年９月に総裁になった安倍の任期は２０２１年９月に終わる。改憲論者を自認する安倍に残された時間は限られている。だからこそ、公明党の協力を得ることが期待できる範囲で日本国憲法の基本原理に手を付ける憲法改正が、安倍個人の「遺産 legacy」のために必要なのだ。小説家の高村薫は、安倍の「９条加憲」論について、「悲願と言われる割に軽い。彼には国民に向けて持論を展開するだけの論理はありません。あるのは底の浅い情緒だけです」と述べているが、私も同感である（中日新聞２０１７年６月17日）。

「安倍改憲」を映画化したら、スピルバーグの手腕をもってしても、「喜劇」にしかならないのではないか。一方、こんな動機と手法で憲法改正が行われてしまったら、国民にとってはそれこそ「悲劇」であろう。憲法改正を「喜劇・悲劇」にしないために必要なことは、憲法改正に関する基礎知識と改憲論議の作法を学んだうえで、改憲派が提示している改憲提案を現実の国内政治・国際政治の状況を踏まえて慎重に吟味することである。そこで、次節ではまず、憲法改正の問題に関する最低限度の教科書的な説明をしておこう。

4　憲法改正の基礎知識

憲法改正とは何か

憲法改正とは、憲法の定める手続に従い、憲法典中の個別条項について削除・修正・追加を行うことにより、または、新たな条項を加えて憲法典を増補することによって、意識的に憲法を変更することをいう。意識的な変更である点で、いわゆる憲法変遷とは異なる。*3 また、憲法所定の手続を利用する場合でも、既存の憲法典を排して新しい憲法典を策定する行為は（大日本帝国憲法の改正規定（73条）を利用して制定された日本国憲法はその例）、憲法改正ではなく、新憲法の制定として評価すべきである。

＊3　硬性憲法の下でも、その運用の過程で、憲法規範と矛盾する実例が生み出されることは避けられない。このような「違憲の実例」が反復・蓄積された場合、明文の変更なしに憲法は実質的に変化した（憲法変遷が生じた）と理解すべきだろうか。ここで重要なのは、①社会学的意味における憲法変遷と、②法的意味における憲法変遷を区別する視点である。②の意味での憲法変遷を認める立場（憲法変遷論）は、「実例」による憲法規定の改廃を正当化するので、憲法運用者である公権力に対する憲法の制約を緩和する議論であるといえる。よって、公権力の制約を憲法の第一の目的と考える立場からすれば、憲法変遷論を受け入れるべき理由はないことになる。詳しくは、樋口陽一『憲法Ⅰ』（青林書院、1998年）386－389頁を参照。

社会変動と硬性憲法

近代憲法（立憲的意味の憲法）の目的は、諸個人の自由・権利を保障するために、国家権力を法的に制約することにある。また、憲法は国家の基本法であり、高度の安定性が要求される。しかし、私たちが生活する社会・国家は時代とともに、政治的・経済的・文化的に大きく変化する。憲法が社会・国家の基本的な構造や価値を定めるものであるとすれば、これらの変化に適応する可変性も必要である。硬性憲法はこの二つの要請（安定性と可変性）に応える技術である。すなわち、憲法改正手続を定めて可変性に応ずる一方、その改正要件を通常の立法手続よりも厳格化することで、憲法の安定性を確保している。

日本国憲法は、「この憲法の改正は、各議院の総議員の3分の2以上の賛成で、国会が、これを発議し、国民に提案してその承認を経なければならない」とし、国民の承認は国民投票による「過半数の賛成を必要とする」と定める（96条1項）。改正の発議における両院での特別多数決と、国民投票における「過半数の賛成」を要求する日本国憲法は、硬性度の高い憲法と評価される。ところで、自民党「日本国憲法改正草案」（2012年4月）は、国会の発議要件を過半数に変更することを提案している。安倍首相が当初、この96条改憲に夢中になったことは前述した。[*4] しかし、硬性憲法の目的は、多数派の短期的な利害によって、社会・国家の基本的な構造や価値の改変を許さないことにある。とりわけ、そのときどきの多数派の利害や偏見によって、少数派の人権が侵害されるのを防ぐことは、立憲主義の基本的要請といえる。また、表現の自由を憲法上保障し（21条）、政府批判の言論を政府が禁圧することを防ぐことによって、よりよい国民の自己統治が可能になる。よって、「硬性度の高い憲法は国民の自己統治（＝国民主権）に反する」という論法はあまりに短絡的である。

憲法改正の限界

憲法所定の改正手続をふめば、いかなる内容の改正も法的に可能とする立場がある。他方、所定の手続をふんでも、一定の規定を改正することは許されないと考える立場がある。前者を憲法改正無限界説、後者を憲法改正限界説と呼ぶ。限界説の思考の前提には、①憲法をつくる権力＝憲法制定権力（制憲権）と②憲法によって作られた権限を峻別する考え方がある。①は②を生み出す権力だから、①は②に優位するので（権力の段階構造）、②に属する改正権によって、①の所産である規定、すなわち、憲法の基本原理を定める規定や改正手続を定める規定を変更することは許されないと考える。

限界説に立つ場合、日本国憲法の基本原理、すなわち、国民主権、基本的人権の保障、恒久平和主義の三つの原理は、日本国憲法のアイデンティティを成すものであり、憲法改正の限界に当たると一般的に理解されている。

国民主権については、主権の所在の変更は（たとえば、国民主権から君主主権への変更）は、制憲権の所在の変更を意味するので、改正の限界に当たることになる。

基本的人権の保障は、アメリカ独立宣言（１７７６年）やフランス人権宣言（１７８９年）以来、憲

＊４　96条改憲論の問題点については、辻村みよ子『比較のなかの改憲論』（岩波新書、２０１４年）25－76頁、高見勝利『憲法改正とは何だろうか』（岩波新書、２０１７年）37－44頁を参照。

法を制定する目的の根本であり、現代の立憲主義憲法に共通する基本原理である。よって、基本的人権の保障も、改正権の限界を成す。もちろん、基本原則が維持されるかぎり、個々の人権規定の削除・修正・追加等の改正は許される。

前文と9条に示された恒久平和主義は、日本国憲法のアイデンティティを成す基本原理であり（「平和憲法」という呼称が通用していることを想起せよ）、改正の限界に当たる。ただし、恒久平和の確立という目的のみならず、戦力不保持の原則という平和達成のための方法（9条2項）までが、改正の限界に当たるか否かについては見解が分かれる。否定説が通説である。

憲法改正手続を定める規定（96条）は、制憲権が憲法制定後における憲法改変の要件と手続を定めた授権規範なので、改正権が自らの存立根拠である同規定を変更することは許されない。とりわけ、憲法改正国民投票制は国民の制憲権の思想を具体化したものであり、改正の限界に当たると一般に解されている。

ところで、憲法改正の限界を論ずることにどのような意味があるのか。限界説をとる論者も、改正の限界を超える憲法の改変が実際に起こり得ないと論じるわけではない。限界説によれば、法的な観点から見てそのような改変は、憲法の連続性を前提にした「改正」ではなく、「新憲法の制定」として評価されるだけの話である。もし「新憲法」が社会の大部分のメンバーによって受け入れられ、憲法秩序として機能するに至ったとき、「旧憲法」における改正の限界を基準として「新憲法」の有効・無効を論ずることは、実定法を問題とする法的議論としては無意味である。よって、改正の限界を論ずる意義は、憲法に内在する価値をあらかじめ明確化することで、国会議員や国民がそれらの基本的価値を安易に改変するのを諫める点にあり、その意味で予防的なものに止まる。しかし、改憲論議のレベルがあまりに低くなることを防ぐためにも、改正の限界を意識することの意義は小さくない。

5　「押しつけ憲法」論

自党の改憲草案を国民の間に浸透させるべく、自民党が作成したパンフレット「日本国憲法改正草案Q＆A」（増補版、2013年）は、「なぜ、今、憲法を改正しなければならないのですか？」という問いを自ら立て、「現行憲法は、連合国軍の占領下において、同司令部が指示した草案を基に、その了解の範囲において制定されたものです。日本国の主権が制限された中で制定された憲法には、国民の自由な意思が反映されていないと考えます」と答えている。安倍首相もこう論じている。「戦後日本の枠組みは、憲法はもちろん、教育方針の根幹である教育基本法まで、占領時代につくられたものだった。憲法草案の起草にあたった人たちが理想主義的な情熱を抱いていたのは事実だが、連合軍の最初の意図は、日本が二度と列強として台頭することのないよう、その手足を縛ることにあった[*5]」。

「日本国憲法は連合国軍（GHQ）に押しつけられた憲法だから無効である（改正すべき）」と主張する「押しつけ憲法」論は、サンフランシスコ講和条約の発効（1952年4月）によって日本が主権を回復し、憲法改正が法的に可能になった1950年前半以来、自民党関係者を中心にして改憲派

＊5　安倍晋三『新しい国へ（美しい国へ　完全版）』（文春新書、2013年）32－33頁。

の人々が論じ続けてきた議論である。[*6] 自由党の「日本国憲法が全面改正を要する理由」（1954年11月）は、憲法制定時期が外国軍の占領下という異常事態で、国民の自由な意思を反映しておらず、政府も天皇の一身上の安全のために受諾を強制されたと主張した。中曽根康弘作詞の『憲法改正の歌』（1956年）には、「占領軍は命令す／若しこの憲法用いずば／天皇の地位請合わず／涙を飲んで国民は／国の前途を憂いつつ／マック憲法迎えたり」との一節がある。

『憲法改正の歌』にもあるとおり、「押しつけ憲法」論者が好んで引用するのは、GHQ案を手交する際のホィットニー民政局長の発言である（1946年2月13日）。「最高司令官（マッカーサー）は、天皇を戦犯として取調べるべきだという他国からの圧力、この圧力は次第に強くなりつつありますが、このような圧力から天皇を守ろうという決意を固く保持しています。……しかしみなさん、最高司令官といえども、万能ではありません。けれども最高司令官は、この新しい憲法の諸規定が受け容れられるならば、実際問題としては、天皇は安泰になると考えています」（カッコ内の補足は引用者）。

しかし、ホィットニーの発言に「脅迫」があったとすれば、それは先に引用した発言に続く部分にあったと私は考える。彼はこう述べていた。「最高司令官は、この案に示された諸原則を国民に示すべきであると確信しております。最高司令官は、できればあなた方がそうすることを望んでいますが、もしあなた方がそうされなければ、自分でそれを行うつもりでおります」。日本政府がGHQ案を不承不承受け入れた結果、GHQ名義で憲法草案を国民に提示するかたちにはならなかった。歴史に「もしも」は禁句だが、もしも日本政府が毅然とGHQ側の要求を拒絶して、GHQ自らが憲法草案を国民に提示していれば、日本国民の多くがそれを熱烈に支持したのではないだろうか。当時の内閣の一員がこのことを「懸念」していた事実に注目したい。厚生大臣の芦田均は2月19日の閣議の際、「若しアメリカ案が発表せられたならば我国の新聞は必ずや之に追随して賛成するであらう。其際に現内閣が責任はとれぬと称して辞職すれば、米国案を承諾する連中が出てくるに違ひない。そして来るべき総選挙の結果にも大影響を与へることは頗る懸念すべきである」と発言していたのである。*7

日本国憲法の制定過程において、GHQからの「押しつけ」が一切なかったとは思わないが、それにしても、「押しつけ憲法」論の歴史認識はあまりに単純で一面的なものだと考える。ポツダム宣言を受諾して無条件降伏した日本が、国際社会の要求を気にせず、好き勝手に憲法改正ができると考えるのは、当時の国際情勢に対する認識が甘すぎるというべきであろう。

6　改憲論議に向き合う際の心構え

改憲論議に向き合う際の心構えとして、まず提案しておきたいのは、政治問題としての「改憲論議」と、個人・国家・社会のあり方を原理的に考える「憲法論議」の区別である。主権者である国民が時代の変化に合わせて、望ましい憲法改正を提案することの意義を否定するのは、日本国憲法が

---

*6　「押しつけ憲法」論については、辻村・前掲*4の第三章、愛敬浩二『改憲問題』(ちくま新書、2006年)の第一章・第二章を参照。
*7　『芦田均日記　第一巻』(岩波書店、1986年)77頁。

「完全無欠の憲法」でないかぎり、不合理というほかない。天皇制を廃止して共和制に移行すべきかどうか、死刑制度を廃止し、その復活を禁止するため、憲法に死刑廃止の規定を設けるべきかどうか、あるいは、近年の目に余る党利党略による衆議院解散を抑止するため、内閣の衆議院解散権に一定の制約を課す規定を設けるのはどうか。「憲法論議」の問題として私たちが熟議すべき問題は、憲法9条や緊急事態条項の問題に限られるわけではない。

しかし、「改憲論議」の場合、改憲派が具体的に提案しようとする改憲構想の是非を議論するかたちにならざるを得ない。日本国憲法96条が、憲法改正の発議権者を衆参両院の3分の2以上の議員としている以上、実際に憲法改正を提案できるのは通常、政府与党である。樋口陽一はかつてこう論じた。「サロン談義のなかでそれぞれが理想の憲法像を出し合うのが、いまの問題ではないはずです。改憲論をめぐる争いは、その社会のその時点での、最高の政治的選択なのです。どんな人たちが何をしたくてそれぞれの主張をしているのかを見きわめたうえで、賛否を決めるべき課題なのです[*8]」。改憲勢力が「3分の2」を獲得した現在、樋口の警告はますます重要なものとなっている。

安倍首相の「9条加憲」論には反対だが、「自衛隊を合憲として認める一方、集団的自衛権の行使を明文で禁止するための9条改正を行うべきだ」とか、「立憲主義を強めるための改憲案を積極的に示すべきだ」といった主張を聞くことがあるかもしれない。しかし、青井未帆も指摘するとおり、「9条というのは9条だけ単体の話では全くない」。9条の条文を変更すれば、これまで憲法として機能してきた公務員が従うべき権限体系を大きく動揺させると青井は論じているが、これは大切な指摘である[*9]。憲法学者の間では周知の事柄であるが、集団的自衛権行使を違憲としてきた従来の政府解釈も、9条の非武装主義解釈を支持する市民や政党との対抗関係のなかで、内閣法制局が半世紀をかけて練り上げてきた解釈体系であった。よって、9条の文言を変更してしまえば、これらの解釈体系の基礎は完全に失われる。それも、国会における「護憲政党」のプレゼンスが著しく低下した政治状況の下で、失われることを覚悟すべきである。

改憲論議に向き合う心構えを確認しておこう。第一に、改憲論議はあくまでも政治問題であることを肝に銘じておく必要がある。第二に、立憲主義の目的が権力の制約にある以上、立憲主義憲法の下では、政府がこれまでは許されなかった事柄を行うことを可能にするため、憲法改正は行われる。安倍首相がたびたび説明するとおり、「9条加憲」が本当に現状を追認するだけのものであるならば、それは単純にお金と時間の無駄である。よって、第三に、私たちとしては、改憲案を提案する側に対して、「現行憲法の○○条に、○○という問題があり、政府が○○をできないのは問題（不便）なので、○○という内容の条文に変更すれば、○○という効果の発生が期待できる（政府が新たな権限を獲得して、○○を実現できる）」という明確な説明をするように求めるべきである。

＊8　憲法再生フォーラム編『改憲は必要か』（岩波新書、2004年）3頁。
＊9　中野晃一＝青井未帆「『改憲』を打ち返す市民の力」世界2016年9月号91頁。

7　おわりに

繰り返しになるが、「改憲論をめぐる争いは、その社会のその時点での、最高の政治的選択」である。「押しつけ憲法」論のように、憲法改正の真の争点を隠蔽する議論に惑わされることなく、憲法改正に関する基礎知識と改憲論議の作法を学んだうえで、改憲派が提示している改憲提案を現実の国内政治・国際政治の状況を踏まえて慎重に吟味することが大切である。

約10年前に公刊した拙著『改憲問題』は、政治学専攻の大学教員が憲法改正の是非について大学1年生と議論するという形式で書いた。改憲論議のあり方に関する私の意見は変わっていないので、同書での教員の最後の言葉を引用することで、本章を終えることにしたい。

最後にもう一度、くり返すけど、主権者は君たちです。自分でよく考えて、友人と腹を割って議論をし、自分の責任で決めてください。確かに、私たちには憲法を変える権利があります。でも、憲法を変えない権利もあれば、変えさせない権利もあるんですから。[*10]

＊10　愛敬・前掲＊6・246頁。

第２章　憲法改正と国民参加

横大道　聡

１　はじめに

一般的な憲法の教科書では、憲法改正は、「憲法保障」という項目で論じられることが多い。憲法保障とは、「反憲法的な政治行為を排除し、憲法の最高法規性を守るために、憲法秩序の中に設けられた制度ないし装置のこと」[*1]をいい、違憲審査制（81条）や公務員の憲法尊重擁護義務（99条）などがこれに該当するとされる。それではなぜ、憲法を改正することが憲法保障につながるのだろうか。

仮に憲法改正が一切許されなかったり、非常に困難であったりする場合、どのような事態が想定されるのか考えてみてほしい。憲法が急激な社会の変化に対応できずに現実との間に齟齬をきたし、その結果、憲法が無視されたり軽んじられたりしてしまうかもしれない。また、憲法を変えることができる仕組みをあらかじめ憲法典に設けておかないと、革命や内戦といった暴力的な手段に訴えて憲法改正を実現しようとする者が出てくるかもしれない。そうならないために、憲法自体の「変更可能性（可変性）」を認めておくことが必要となる。他方で、国家統治の基本を定めた最高法規（98条1項）たる憲法が容易に変更できてしまうほどに「可変性」があるとなると、安易に憲法改正という手法に頼るようになり、国家運営自体が安定しなくなる可能性がある。そうならないために、憲法には容易に変えられない「安定性」が必要となる。

このように、憲法保障のために、憲法は、「可変性」を備えつつも「安定性」を有していなければならない。この「相互に矛盾する要請に応えるために考案されたのが、硬性憲法（rigid constitution）の技術、すなわち、憲法改正手続を定めつつ、その改正の要件を厳格にするという方法[*2]」なのである。現在、一部の例外を除き、世界中のほとんどの憲法典が硬性憲法の仕組みを採用しており、いまや憲法の普遍的特徴となっているとさえいわれる。

もっとも、硬性憲法をどのように構想するかは各国様々である。日本国憲法の場合、96条1項で、「この憲法の改正は、各議院の総議員の3分の2以上の賛成で、国会が、これを発議し、国民に提案してその承認を経なければならない。この承認には、特別の国民投票又は国会の定める選挙の際行はれる投票において、その過半数の賛成を必要とする。」と定め、2項で「憲法改正について前項の承認を経たときは、天皇は、国民の名で、この憲法と一体を成すものとして、直ちにこれを公布する。」と規定する。

本章では、まず憲法96条が定める憲法改正手続の特徴を、諸外国の憲法典との比較を通じて明らかにする（→2）。そのうえで、「日本国憲法の改正手続に関する法律」によって定められた改正手続の詳細について、これを憲法上評価するための視点を明確にしたうえで、かかる視点に照らして重要と思われる部分を概観し、その意義と問題点を指摘することにしたい（→３）。

２　日本国憲法の定める改正手続の特徴

単一の改正方法

まず、日本国憲法には、憲法を改正するための方法が憲法96条の定める手続しか用意されていない。同様にドイツ連邦共和国基本法も、連邦議会議員の３分の２および連邦参議院の表決数３分の２の同意という同79条が定める改正方法に限定されている（【コラム３　ドイツ】を参照）。これに対して諸外国の憲法典では、複数の憲法改正方法や複数のアクターの関与を求める場合が少なくない。たとえば、フランス第五共和制憲法89条は、憲法改正案の発議主体として、国会議員と大統領を予定しているが、どちらが発議するかによって異なった手続が採用される（【コラム４　フランス】を参照）。また、アメリカ合衆国憲法５条には、２通りの発議と、２通りの承認手続が定められており、合計で２×２の４通りの憲法改正方法が定められている（【コラム２　アメリカ】を参照）。

このことにも関連して、改正対象条項や項目によって適用される改正手続が決められている場合も

＊１　大須賀明ほか編『憲法辞典』（三省堂、２００１年）１２５頁〔野中俊彦執筆〕。
＊２　芦部信喜（高橋和之補訂）『憲法〔第６版〕』（岩波書店、２０１５年）３９２頁。

ある。たとえば、憲法典の全面改正（revision）と部分改正（amendment）とを区別するオーストリア憲法44条、スペイン憲法１９２～１９５条、スイス憲法１９２条などは、全面改正の場合には、より加重された改正手続が定められている。南アフリカ共和国憲法74条は、憲法典の基本原理などを定める第1章の改正の場合、第2章（権利章典）および州の権限や組織に関わる規定の改正の場合、それ以外の規定の改正の場合を区別し、それぞれ異なった改正手続を規定している。ロシア憲法１３５条も、第1章（憲法体制の原則）、第2章（人と市民の権利および自由）および第9章（憲法の規定の全文改正および部分改正）については、他の部分の改正（１３６条）の場合よりも改正の要件が厳格である。

さらに、特定の条項ないし内容の改正に限定して用いられる特別の改正手続が用意されている場合もある。先に見たアメリカ合衆国憲法5条は、「いかなる州も、その同意なしに、上院における平等の投票権を奪われることはない」とも定めており、この場面についてのみ、一般的な改正方法とは別の加重要件が課される。

これらを複合的に組み合わせ、複数の改正手続を用意しつつ、それぞれの手続によって変更できる対象を限定するなどして、5通りの複雑な憲法改正手続を定めているカナダの１９８２年憲法第5編（38条から49条）のような例もある。

改正禁止条項の不存在

第二に、日本国憲法には、少なくとも明文上は、憲法改正手続によっても変更することのできない改正禁止規定が設けられていない（第Ⅰ部第1章参照）、これに対して諸外国の憲法典では、この種の規定を明示的に設ける例が見られる。

多くの場合、それは憲法の根本に関わるような抽象的理念についてである。たとえば、ドイツ連邦共和国基本法79条３項は、連邦制および１条、20条が謳う基本原則の改正を禁止している。フランス第五共和制憲法89条やイタリア共和国憲法１３９条は、共和政体を改正対象としてはならないと定め、ブラジル連邦共和国憲法40条は、①連邦主義、②直接・秘密・普通・定期的な選挙、③権力分立、④個人の権利とその保障を廃止する改正案を認めないと規定している。「国際法の強行規範」に反する憲法（部分）改正を禁止する、スイス憲法１３９条３項、１９３条４項および１９４条２項のような例もある。もっとも、こうした抽象的理念のみならず、カメルーン憲法64条、ウクライナ憲法１５７条などのように、「国境の変更」といった具体的な事項の改正を禁止する場合もある。

憲法を改正できない「状況」についての定めを設ける場合もある。たとえば、ルーマニア憲法１５２条、エストニア憲法１６１条、スペイン憲法１６９条、ベルギー憲法１９６条、ポルトガル憲法２８９条などは、緊急事態、戦時中または包囲されている状態などでの憲法改正を禁止し、立憲君主制を採用するルクセンブルク憲法１１５条、ベルギー憲法１９７条は、摂政が置かれている間、一定の憲法改正を禁止している。


憲法改正に設けられたハードルの数の少なさ

第三に、日本国憲法96条には、発議、承認に関して表決数以外に細かな定めが置かれていない。これに対して諸外国の憲法典では、憲法典のなかに表決数以外にも様々な「ハードル」を設けていることが少なくない。

「発議の仕方」について、たとえばスイス憲法194条2項は、部分改正を行う場合には「主題の統一性の原理」に従うことを要求している。「憲法改正の提案を含む法案には他の提案を含めてはならない」と定めるアイルランド憲法46条4項も、この同様の原理を定めたものとされる。

「発議から投票までの期間」についての具体的な定めを設けている憲法典として、発議から2ヶ月以上6ヶ月以内に国民投票に付されなければならないと定めるオーストラリア連邦憲法128条、大統領は提案された憲法改正案を20日以上の期間、これを公告し、国会は、公告された日から60日以内に議決し、議決した後30日以内に国民投票に付さなければならないとする大韓民国憲法129条、130条、発議された憲法案を承認するためには、両院において3ヶ月以上の期間を挟んで行われる連続する2回の審議にて両議院で可決されなければならず、2回目の表決では両院ともに議員の絶対多数での可決を要するイタリア共和国憲法138条、憲法改正案は同一文言で2回可決されなければならず、2回の可決の間に総選挙の実施と、原則として9ヶ月以上の経過が必要であるとするスウェーデン基本法第8章第5部14条などを挙げることができる。その他にも、国民投票または議会によって否決された改正案と同様の改正案は、1年以上の期間を置かなければ発議できないと定めるエストニア憲法168条のような例もある。

憲法典で明示的に最低投票率を設ける憲法典として、たとえばロシア憲法135条3項は、一定の憲法改正に国民投票を求め、その場合には選挙人の過半数が参加し、その過半数の賛成が必要であるとしている。大韓民国憲法130条2項、3項は、国民投票に付された憲法改正案は、国会議員選挙権者の過半数の投票および投票者の過半数の賛成を得たときに憲法改正が確定すると定めている。

憲法96条の特徴

以上に見たように、「各国とも、非常に細かく、場合を分けて改正手続を規定しており、硬性憲法として（「競って」とよべるほど）複雑かつ厳格な改正手続を置いて」おり、「憲法の基本原理などの重要事項……について厳しくするとともに、他の条項については硬性憲法の枠内で多少とも緩めることを定めている国が多い」。[*3] そうした諸外国の憲法典との比較により、日本の憲法改正手続は簡素で、かつ、その詳細――投票権者、投票期日、投票方法（用紙）、投票に関する運動のあり方等――を法律に委ねている部分が多いという特徴が判明する。[*4]

もっとも、憲法改正手続の詳細を定める具体化法律が制定されたのは比較的最近のことである。憲法制定後まもない時期に、法制定に向けた具体的な動きも見られたが、政府が憲法改正に積極的であるとの印象を与えるおそれがあるとして国会提出が見送られ、その後、２０００年代に入るまで、法制定に向けた具体的な動きはほとんど見られなかった。２００５年、衆議院憲法調査会の最終報告書において憲法改正の手続法を整備する必要性が提言されたことで事態は動き出し、紆余曲折を経て、

＊３　辻村みよ子『比較のなかの改憲論』（岩波書店、２０１４年）42－43頁。
＊４　また、日本国憲法の改正に際しては国民投票による承認が必須とされているが、諸外国の憲法典を見れば、国民主権と国民投票が必然的関係にあるわけではないということも判明する。

２００７年にようやく「日本国憲法の改正手続に関する法律」（以下、通称である国民投票法と記す。）が制定されるに至った[*5]（２０１４年に一部改正）。

3 「日本国憲法の改正手続に関する法律」の検討

検討の視角

それでは国民投票法は、具体的に、どのように改正手続の詳細を定めたのだろうか。同法の内容を紹介する文献は多く、ここでそれを繰り返してもあまり生産的ではない。そこで本章では、２で概観した諸外国の憲法典の例を踏まえつつ、次の視点から同法を検討することにしたい。

一般に憲法は、法令や政府行為に対して、「禁止」「許容」「要請」という3つのうちのいずれかの態度を採っている。憲法96条に引き付けていえば、こうである。憲法96条は憲法改正手続の大枠のみを定め、詳細部分については法律によって具体化することを「要請」した。ただし、白紙委任したわけではない。発議には「各議院の総議員の3分の2以上の賛成」を要するとか、国民投票により承認されたときは「直ちにこれを公布する」とか、一定事項については憲法レベルで具体的に定めておくことで法律による変更を「禁止」しつつ、細部をどのように具体化するかについては、96条および他の憲法規定上の「禁止」に触れない枠内において、立法府の裁量により具体化することを「許容」している、と。なお、憲法上「望ましい」との評価を目にすることが少なくないが、上記の枠組みでは、「許容」のなかでの憲法政策的な妥当性に関する意見として把握される。

問題となるのは、憲法が何を「禁止」「要請」「許容」しているかについてであり、国民投票法によって具体化された憲法改正手続もまた、この観点から検討を要する部分が少なくない。

発議段階

憲法改正の「原案」の発議　憲法96条は、「だれが」「どのように」国会で審議するための憲法改正の「原案」を発議するのかについて定めを置いていない。そこで、国民投票法による国会法の改正によって、日本国憲法改正案の「原案」の発議は、衆議院は議員100人以上、参議院は議員50人以上の賛成によって行うこととされた（国会法68条の2。なお、各議院に常設で設けられた「憲法審査会」にも憲法改正原案の発議を行うことが認められている。同102条の7）。

議員が通常の法律案を発議する場合、予算を伴う法律案の場合には、衆議院では議員50人以上、参議院では議員20人以上の賛成を要するが（国会法56条1項）、それよりも求められる員数が多いのは、憲法改正が「国政における最重要案件であることにかんがみ、法律案等における賛成者の員数要件……をさらに加重」したからであると説明される。[*6]

＊5　制定経緯に関しては、宮下茂＝諸橋邦彦「日本国憲法の改正手続に関する法律案をめぐる議論——参議院日本国憲法に関する調査特別委員会の活動経過」立法と調査270号（2007年）56頁以下等を参照。

＊6　橘幸信＝髙森雅樹「憲法改正国民投票法（日本国憲法の改正手続に関する法律）」ジュリスト1341頁（2007年）48頁。

法律案提出に設けられた員数要件について、学説は、「議員の職権行使のあり方を適切に決定することも、各議院の運営自律権に属する」事項であり、「国会法の規定を議院自律権の表現とみる限りで、つまり両議院間の『紳士協約』と理解する限りで、合憲とみることができる」が、員数要件が少数会派による議案発議を制限するものであることから、直ちに違憲とはいえないとしても立法論としては最小限にとどめるべきなどと指摘される。[*7] 憲法改正原案の提出の場合も、基本的には同様に、員数要件を定めることが直ちに違憲とはいえないだろうが、「どこまで制限可能かは問題とする余地がある」。[*8] 員数要件を極めて高く設定するような場合――たとえば、国民への発議要件と同じまたはそれ以上の要件を課す場合――は、憲法上「禁止」されるといえるだろう。

なお現行法上、国民が憲法改正の原案を発議する仕組みは設けられていない。そこで、このような制度を設けることの憲法上の可能性が問題となるが、原案がそのまま国民審査に付されるような仕組みであるとすれば憲法96条に明確に反するため許されないが、国会で検討される原案の発案であれば、その賛否の決定権限が衆参両院に留保されている限り、「禁止」されるとはいえないだろう。なお国民が間接的に発案に関わる方法として、憲法改正原案の発議権が認められている「憲法審査会」への請願という手法がある。

「個別発議の原則」の採用　憲法改正原案の発議は、「内容において関連する事項ごとに区分して行うものとする」とされた（国会法68条の3）。いわゆる「個別発議の原則」である。立法提案者によれば、「国家の基本ルールの変更に当たっては、民意を正確に反映させるべきであり、例えば9条の改正と環境権の創設という全く別個の事項について、一括して国民投票に付することは好ましくない」というのが導入の理由である。「問題は、何が内容ごとに関連するまとまりのある事項か」であるが、これについては、「一方では個別の憲法政策ごとに民意を問うという要請から、他方では相互に矛盾のない憲法体系を構築するという要請から、決定されるべきもの」であり、「個別具体的事例については、国会が発議するに当たってしかるべき判断を行うことになるもの」と説明されている。[*9]

それでは、この「個別発議の原則」を法律で設けたことは憲法上どのように評価されるだろうか。諸外国の憲法典では、この原則を明示している例もあるが、日本国憲法はこの原則について沈黙している。この沈黙が、同原則の導入に対する「要請」「許容」「禁止」のうちのいずれの態度を採るものであるかが問題となる。

この点、立法過程では、同原則を採用することが憲法上「許容」されるという前提から、その導入が「望ましい」かが議論されていた。学説では、「国民が特定の規範内容について直接賛否の意思を表明する機会であり、その趣旨を没却しないためには、意思表明の対象が明確にされている必要がある」ことから、内容的まとまりごとに国民投票にかけるべきだというのは、憲法の要請でもあるといえよう」として、同原則の採用は憲法上の「要請」であると論じるものもあるが、[*10]このことを明言す

＊7　大石眞『憲法講義Ⅰ〔第3版〕』（有斐閣、2014年）152－153頁。
＊8　芹沢斉＝市川正人＝阪口正二郎編『新基本法コンメンタール憲法』（日本評論社、2011年）502頁〔工藤達朗執筆〕。
＊9　第164回国会・衆議院本会議録33号（平成18年6月1日）19頁〔斉藤鉄夫衆議院議員発言〕。
＊10　毛利透＝小泉良幸＝淺野博宣＝松本哲治『憲法Ⅰ　総論・統治〔第2版〕』（有斐閣、2017年）35頁。

るものは少なく、同原則の導入が憲法上「望ましい」とするものが大半である。

「個別発議の原則」と憲法の全面改正　他方で、「個別発議の原則」を導入することは憲法上「禁止」されるという主張もほとんど見られないが、この主張は、憲法の全面改正の是非というかたちで議論されてきた論点に関係する。

1で見たように日本国憲法は、「全面改正」と「部分改正」とを明文上は区別していない。そのため、憲法改正手続を用いて憲法典の全面改正を行うことが許されるのか否かが論点となってきた。この点につき、「教科書叙述には、この論点に触れないものもあるが、言及している教科書・注釈書では、全面改正も96条の予定する改正に含まれるとする理解のほうがはるかに多い[*11]」とされる。そうすると「個別発議の原則」は、憲法が予定しているはずの全面改正という改正方法を法律レベルで制限していることになるため、憲法上「禁止」されるのではないかとも思える。

しかし、立法提案者は質疑のなかで、「例えばそれがすべて相互に密接不可分である、つまり内容の上で分かち難いというものであれば一括して発議されるという場合も論理的にないことはない[*12]」と述べており、「個別発議の原則」の下での憲法の全面改正の可能性を否定していない。すなわち、全面改正の容認と「個別発議の原則」の導入は、すべての場合に矛盾するわけではなく、両者が矛盾しない場合も想定できる。

発議から投票までの段階

期間の設定　諸外国の憲法典には、発議から投票が行われる間に熟慮のための期間を設ける例が見られたが、日本国憲法にはそうした規定はない。そこで国民投票法は、国会による発議を受けて実施される国民投票の期日につき、国会が憲法改正を発議した日から起算して60日以後180日以内において、国会の議決した期日に行う」（2条1項）と定めた。

期間の指定なく国民投票を行うべきことを憲法が「要請」し、または、そうした定めを設けることを「禁止」しているとは解しにくいから、発議から投票までの期間についての憲法96条の沈黙は、それについて法律で定めることを「許容」しているものと解するのが妥当である。実際に定められた上記の期間の政策的な「望ましさ」は別途問題となるが、諸外国の憲法典で定められている期間と比べたとき、明らかに不合理な期間設定であるとはいえないだろう。なお、ここでも憲法改正原案の発議の場合と同様、どこまで期間を定めることが「許容」されるかが問題となる余地がある。たとえば、発議から投票まで10年以上の期間をおくような場合など、違憲と評価できる場合もあり得る。

国民投票運動　国民投票法は、「憲法改正案に対し賛成又は反対の投票をし又はしないよう勧誘する行為」と定義される「国民投票運動」（100条の2）について、一定の規制を設けている。

周知のとおり公務員は、国家公務員法や地方公務員法により、政治的目的をもって行う政治的行為

＊11　赤坂正浩「憲法改正の限界と日本国憲法の基本原理」同『世紀転換期の憲法論』（信山社、2015年）412頁〔初出は2003年〕。

＊12　第166回国会・参議院日本国憲法に関する調査特別委員会会議録10号（平成19年5月9日）19頁〔船田元衆議院議員発言〕。また、第186回国会・参議院憲法審査会会議録5号（平成26年5月28日）10頁〔船田元衆議院議員発言〕、橋＝髙森・前掲＊7・48－49頁も参照。

または積極的な政治運動もしくは政治活動その他の行為が禁止されているが、国民投票法は、それらの規定にもかかわらず、発議日から国民投票日までの間、公務員は、国民投票運動および憲法改正に関する意見の表明をすることができるとした（１００条の2）。このように、原則を「自由」としたうえで同法は、例外的に許されざる場合を定める、という構造になっている。第一に、公務員のうち、投票事務関係者および特定公務員は、国民投票運動が制限される（１０1条、１０２条）。第二に、その他の一般の公務員の場合、国民投票運動および憲法改正に関する意見の表明が、他の法令により禁止される政治的行為を伴う場合には禁止されるとともに（１００条の2ただし書）、「その地位にあるために特に国民投票運動を効果的に行い得る影響力又は便益を利用して、国民投票運動をすること」が禁止される（１０３条1項）。第三に、公務員であるか否かを問わず、「教育者」は、「学校の児童、生徒及び学生に対する教育上の地位にあるために特に国民投票運動を効果的に行い得る影響力又は便益を利用して、国民投票運動をすることができない」（１０３条の2）。このうち、第一の違反については罰則があるが（１０２条）、第二、第三については、罰則規定は設けられていない。

国民投票運動規制の問題点　国民投票法１００条は、「この節〔国民投票運動のこと〕及び次節〔罰則のこと〕の規定の適用に当たっては、表現の自由、学問の自由及び政治活動の自由その他の日本国憲法の保障する国民の自由と権利を不当に侵害しないように留意しなければならない。」と定めている。憲法改正は「国民主権原理と直接結びついている」ため、「一般の政治運動、意見表明と同様あるいはそれ以上に、その規制はごく例外的なものとして考えられなければならない」[*13]ということを踏まえてのことであろう。この「原則自由」が憲法上の「要請」であり、自由の制約は「例外」という考え方を議論の出発点としたとき、国民投票法の仕組みにはいくつか問題が存しているように見受けられる。ここでは、上記の第二に関する問題点のみ触れておきたい。

同法は、公務員による「国民投票運動」を認めつつ、それが「政治的行為」を伴う場合にこれを禁止する（上記の第二）。そうすると問題は、公務員の行動が「政治的行為」に該当するか否かということになる。この点、堀越事件（最判平成24・12・7刑集66巻12号1337頁）において最高裁は、禁止される国家公務員の政治的行為とは、人事院規則14－7で定められている政治的行為に該当し、かつ、それが「公務員の職務の遂行の政治的中立性を損なうおそれが実質的に認められるもの」を指し、これに該当するかどうかは、「当該公務員の地位、その職務の内容や権限等、当該公務員がした行為の性質、態様、目的、内容等の諸般の事情を総合して判断するのが相当」であるとする判断基準を示してはいるが、これだけでは依然として明確であるとは言い難いだろう。さらに、国政選挙と国民投票が同時に行われる場合、各政党、候補者が憲法改正案に対する賛否を主張することが予想されるが、そこでは「国民投票運動」と「政治的行為」との境界がぼやけてしまう可能性がある。

承認段階

「その過半数の賛成」の意味　憲法96条は、国民投票において「その過半数の賛成」があれば憲法改正が成立するとしているが、「何の」過半数であるのかを明示していない。①有権者の過半数、

＊13　西土彰一郎「国民投票運動」法学セミナー634号（2007年）40頁。

②総投票の過半数、③有効投票の過半数という3つが考えられるが、国民投票法は③の立場を採用した（98条2項、126条）。このことは憲法上どのように評価できるだろうか。

まず①については、「その」過半数と憲法が定めていることから、憲法が①を「要請」していると解することには文言上無理があり、支持も少ない。そこで学説では、②か③のどちらか一方を憲法は「要請」していると解する立場と、両方を憲法は「許容」しているという前提の下、どちらか一方のほうが憲法上「望ましい」と論ずる立場とに大別されることになるが、国民投票法の審議過程では、後者の解釈を前提に議論が進められた。

②と③の相違点は、無効票や棄権票を「反対票」にカウントするか（②の場合）、「賛成票」にも「反対票」にもカウントしないか（③の場合）である。この違いは両者の問題意識の違いである。すなわち、②は、仮に投票率が低く、かつ、無効票や棄権票が多い場合でも憲法改正が承認されてしまうことを問題視するのに対し、③は賛否の意思を表明しないにもかかわらず「反対票」にカウントすることの不合理性のほうを問題視する。

最低投票率制度導入の可否　②が懸念した事態、すなわち投票率が低く、かつ、無効票や棄権票が多い場合でも憲法改正が承認されてしまうという事態を避けようとするのであれば、「その過半数」の分母の解釈以外の方策もあり得る。国民投票法（およびその改正法）に付された参議院の附帯決議でも言及された最低投票率制度の導入である。それでは、最低投票率制度は憲法上どのように評価できるだろうか。

まず、現行法に最低投票率制度が導入されていないことから明らかなように、立法過程ではこの制度を導入することが憲法上の「要請」であると考えられていなかった。学説も基本的に同様である。他方で、国民投票法の審議過程では、政策的妥当性の見地からだけではなく、この制度の導入は憲法上「禁止」されるという主張も展開されていたことに目が留まる。最低投票率制度は、憲法が要求する以上の要件を加重するものであるから、憲法違反の疑いがあるというのがその理由である。

学説では、最低投票率制度は憲法改正の承認要件ではなく、会議における定足数に類似する成立要件であるから、憲法改正について憲法が要求する以上の要件を加重するものではないこと、最低投票率に達しない国民投票はイベントとして成立しないというだけで、憲法改正案そのものに対する否決を意味せず、改めて国民投票の手続を進めることもできるから、加重要件とはいえないこと、などを根拠に[14]、最低投票率制度の導入は憲法上「許容」されるとする立場が多いように見受けられる[15]。

他方、最低投票率制度を憲法96条の定めにない新たな加重要件と見るか否かとは別の観点から、憲法上「禁止」される余地があるとする議論もある。憲法改正の国民投票権の権利としての性質を重視する場合、「投票率が極端に低くても、棄権という憲法上の権利を行使した結果であるから、それによって国民投票が不成立になる理由はないし、そのために間接的に棄権しにくくなるのであれば、権利侵害ですらある」との指摘である[16]。これは低投票率の場合や、無効票、棄権票が多い場合でも憲法

＊14　高見勝利『憲法改正とは何だろうか』（岩波書店、２０１７年）１４２－１４３頁。
＊15　投票の過半数の賛成に加えて、有権者の一定の割合が賛成することを要件とする絶対得票率制度については、加重要件の側面が強いためか、最低投票率制度に比べて議論は低調である。

改正が承認されるという事態を問題視するという、最低投票率制度導入論の出発点にある問題意識に対して異議を唱えるものといえるだろう。

4　おわりに

冒頭で述べたように、憲法改正には憲法保障としての機能も期待されるが、この機能を十全に発揮するためには、改正手続自体の公正性や妥当性が必要である。本章では、諸外国の憲法改正手続との比較を通じて、日本の場合、憲法典で定められていることは少なく、詳細は法律によって具体化される部分が多いということが明らかにしたが（→2）、その分だけ、具体化立法が改正手続の公正性や妥当性を担保するために果たす役割は大きい。

本章では、改正手続の詳細を定めた法律である国民投票法につき、憲法上の論点となり得る部分について、憲法上の「要請」「許容」「禁止」という視点から整理した（→3）。しかし、「許容」の枠内においても、憲法政策論的な「望ましさ」は異なるのであり、そのような視点から、不断に憲法改正手続を見直していくことも必要である。本章の検討は、そのための準備作業でもある。

＊16　工藤・前掲＊8・504頁。なおここでは注意深く、「投票権に公務性を承認すれば最低投票率制度の導入には問題がない」とされている。

第3章　改憲論と「生ける憲法」

阪口 正二郎

1　「革命」？

不磨の大典？

時として憲法典を指して「不磨の大典」だといわれることがある。しかし、仮に「不磨の大典」ということで、憲法典は改正する必要がない法典であるということを意味するのであれば、憲法典を「不磨の大典」と呼ぶことは正しくない。

憲法典を「不磨の大典」とすることは、憲法典を完全無欠のものと見る立場に与することになる。しかし、憲法典も多くの法律と同様、時代や状況の産物であり、時代や状況が変われば改正を免れるわけではない。憲法典を制定した人々は全能ではなく、彼・彼女たちが未来を予見できる能力には限界がある。改正が困難な硬性憲法の場合、状況の変化に憲法典を適応させるために、ある程度曖昧な文言を用いて憲法典が制定されることが一般的だが、それにも限界は存在する。「完全無欠な憲法典(perfect Constitution)」など存在しない。

法に改正はつきものであり、憲法典も例外ではない。憲法典といえども、必要があれば改正すべきは、当然の理である。多くの憲法典は、改正されることを想定し、その手続についての定めを置いている。日本国憲法も例外ではない。日本国憲法は96条でその改正手続について規定している。日本国憲法自体が自らを「不磨の大典」とせず、改正される余地を認めている。

護憲派と呼ばれる人々は、憲法典の改正に反対するが、彼・彼女たちも憲法典を「完全無欠」なものと考えているわけではない。護憲派と呼ばれる人々は、ただ、特定の改正に反対したり、現時点で改正の必要を認めないだけのことである。

「革命」？

それでも日本における憲法改正をめぐる議論は、極めて特異なものであることを認識する必要がある。私たちは改憲論に「慣れっこ」になりすぎて、そのことを軽視すべきではない。

たとえば、２０１２年4月に自由民主党は、「日本国憲法改正草案」を発表しているが、これ自体が日本における憲法改正をめぐる議論の特異さをよく示している。

最近、教育の一環として、中学や高校で生徒に憲法典を起草させるという試みがなされている。こうした試みは、生徒に自分たちが理想とする国家とはどのようなものかを考える機会を与えるという意味で重要な政治教育であるし、法教育として見ても、何かを法で定めるとしても、それは憲法で定めるべきなのか、それとも法律で定めるべきなのか、憲法で定めるとしてどのように定めるべきかを考える機会を与えるという意味で、極めて有益である。

しかし、大の大人、しかも権力を担う政治家が憲法典を書き国民に提示してみせるというのは、話が全く異なる。問題が、憲法典に関する個別の改正案――憲法典の特定の条文に関して、ここに問題があるから改正すべきとするもの――であれば、世界中でよくある話である。だが、政党が、「新憲法草案」――憲法典の全面改正――という形で憲法典を起草するということは、現憲法典が前提にする「体制」の転換――「体制転換」――を前提にしてしかあり得ない。実際に、１９８９年に共産主義体制が崩壊した際に、多くの東欧諸国では新憲法が制定された。日本でも、第二次世界大戦における敗戦を受けて、明治憲法体制が崩壊し、現憲法典が起草され制定された。

では、現在の日本に新憲法を必要とするような「体制転換」があったのかと問えば、当たり前のことだが、そのようなものは存在しない。したがって、自民党の「日本国憲法改正草案」は現に存在する「体制転換」を前提にしたものではなく、現在の憲法典が前提にする「体制」――リベラル・デモクラシーという体制――に異議を唱え、「体制転換」を目指す態度を表明するものに他ならない。内容的に見ても、自民党の「日本国憲法改正草案」に示されているものは、相互に関連する、①「個人主義」、②国家と個人の関係に関する、社会契約論などの西欧近代の憲法思想、③「人類普遍の原理」からの「訣別宣言」と読むことができる。*1 自民党の「日本国憲法改正草案」は「革命」を志向するものに他ならない。憲法学者の間で「クーデター」ということがいわれる一つの理由はここにある。

2　日本における改憲論の特異さ

日本における憲法改正をめぐる議論が、極めて特異なものであることは広く認識されるべきである。たとえば、しばしば憲法典を改正すべき理由として、アメリカに押しつけられた憲法だからとか、戦後70年が経過したからといったことが挙げられる。しかし、真面目に考えれば、こうした理由は憲法典を改正すべき決定的理由とはならないことが分かる。

「押しつけ憲法」論

私の親の世代には、親同士、家同士の取り決めによってやむをえず結婚した夫婦が存在する。しかし、そうした夫婦であっても長続きしている夫婦はいっぱいいる。出発点が問題なわけではない。夫婦生活がうまくいかない場合には、それぞれの現にある夫婦関係に問題がある場合がほとんどであるはずだ。「押しつけ憲法」論も同じで、仮に「押しつけ」られたものであっても、それが満足いくものであれば誰も文句はいわないはずである。現在の憲法典のどこにどのような改正すべき点が存在するかを曖昧にして、ただ「押しつけ」られたことを問題にするのは説得力を欠いている。

戦後70年経ったから論

戦後70年経ったから憲法典を改正すべきだという議論も同じ理由で説得力を欠いている。恋人や配偶者に、付き合って○年経ったからとか、結婚して○年経ったから「別れよう」などと切り出せば、良くても相手にされないか、悪くすれば暴力沙汰に発展する可能性がある。この場合も、別れを切り出す真の理由は、○年経ったからということにはなく、二人の現在の関係にあるはずである。憲法典も同じで制定後何年経とうと、問題がなければ改正する必要はない。改正すべきだとすれば、現在の憲法典のどこかに具体的な問題があるはずである。そのことを明らかにせず、ただ戦後70年経ったから改正すべきだというのは説得力を欠いている。

日本における改憲論の特異性

マスコミもまたこうした批判を免れるわけではない。長谷部恭男は、しばしば「憲法改正は必要か」あるいは「憲法を改正すべきか」という質問項目を立てて世論調査が行わることについて、「不思議な質問項目」だとしている。[*2] 長谷部が「不思議」に感じるのは、この質問が、憲法典のどこにどのような問題があるかを問うものではないからである。民法や商法の改正が問題になる場合、こうした質問がなされることは考えにくい。民法や商法の場合はおろか、サークルの規則であっても同じで

＊1　この点につき詳しくは、阪口正二郎「憲法改正問題を考える」生活経済政策197号（2013年）18－19頁、阪口正二郎「自民党改正草案と憲法尊重擁護義務」法律時報編集部編『「憲法改正論」を論ずる』（2013年）105－106頁を参照されたい。

＊2　長谷部恭男『憲法とは何か』（岩波書店、2006年）126頁。

あり、その改正が問題になるのは、当該規則のどこかに具体的な問題があるからであり、それを明らかにしないで規則の変更は必要かと聞かれても、回答のしようがないだろう。

どこに問題があるかを具体的に問題にすることなく、改正が必要か、改正すべきか、ということが問われるのは憲法典、それも日本国憲法に固有のことである。

3　憲法改正が必要な場合とは

憲法典に関して個別条項の改正を考えるのであれば、最初にそうした改正をなす必要があるのかどうかを見極める必要がある。それは、憲法典の条項のどこにどのような問題があり、それは当該条項を改正しないと解決できないのかを問うことである。

ある議員がある政策を実現しようとする場合を例に考えてみよう。当該政策を実現するにあたって、憲法典が障害になっていなければ憲法典を改正する必要はない。法律や行政慣行が障害となって政策を実現できないとしても、それは法律や行政慣行を変えればいいだけの話であって、憲法典を改正すべき決定的理由にはならない。たとえば、近時、野党の国会議員の一部に、内閣や各省庁が国会に必要な情報を提出してこないので、憲法典を改正して「知る権利」を明記すべきだという議論がある。「知る権利」なる概念は多義的であり、安易に憲法典に明記すると混乱を呼ぶ危険性があるが、その点を措くとしても、内閣や各省庁が国会に情報を提出しない根拠は、当該情報が憲法で保障されたプライバシー権によって保護されたものであるとか、国家の安全を根底から脅かすといった場合などを除けば、憲法典に根拠を有するわけではない。多くの場合、憲法典の条文に提出を拒む理由を明記しているものはないし、有権的立場で憲法典の解釈を行う最高裁判例にもそれを拒む理由を見つけることは困難であることが多い。そうした場合に、情報の国会への提出を求めるのであれば、慣行に異議を申し立てて慣行を変えさせるか、それが無理な場合にはそうした趣旨の法律を制定すればいいだけの話である。憲法典を改正すべき理由とはならない。その点を無視して、憲法典の改正を求めるのは、自己の政治的無力さを不問に付して、無責任に憲法典に責任を負わせることになるだけのことである。

２０１７年秋の総選挙に際して自民党は公約の中に４つの具体的な改憲項目を掲げたが、そのなかにある教育の無償化も同じである。自民党のいう教育の無償化が大学という高等教育と幼児教育の無償化だとすると、それが政策として望ましいものかどうかについては議論の余地はあるものの、それを実現しようとする場合に、憲法の条文やそれに関する最高裁の有権解釈が障害となっているわけではない。政策として望ましいとの合意が得られれば、法律によって実現することは可能である。

こうした事項については、法律によって対応するのが妥当である。実は、この問題について憲法典を改正したところで、それが具体的に実現されるわけではないということがある。なぜなら憲法典を改正して教育の無償化を憲法の条文で明記したところで、それが、国家に対して積極的な措置を求める社会権である以上、具体的な内容は法律で定める必要があり、憲法典を改正したところで、そこから何かしら具体的な帰結が生じるわけではない。その意味で、この問題に対して憲法典を改正するという形で対応しても、さほどの意味があるわけではない。

法律を制定したり、改正したりするには、原則として、衆参両議院の過半数の同意があれば足りる

（59条）。しかし、憲法は硬性憲法であり、法律の改正とは異なって、その改正には、①衆参両議院の総議員の3分の2以上の賛成による発議と、②国民投票において国民の過半数の賛成が必要となる（96条）。憲法典の改正にはそれだけの手間暇がかかるのである。もちろん、国民投票には相当な費用がかかる。教育の無償化にも相当な費用がかかる。真に教育の無償化を実現しようとするのであれば、財政的にも法律の制定や改正で対応すべきである。

4 「生ける憲法」

先に述べたように、憲法典といえども「完全無欠」なものではあり得ないし、時代の要請に応じて新たな課題に対応するために改正する必要がある場合があることは事実である。しかしながら、新たな課題に対応するために憲法改正に訴えねばならない場合は、実はそれほど多くない。

憲法典における解釈の許容性

憲法の条文には、大別して、明確で解釈の余地があまりないものと、曖昧で解釈の余地を残すものがある。たとえば、憲法54条1項は、「衆議院が解散されたときは、解散の日から40日以内に、衆議院議員の総選挙を行ひ、その選挙の日から30日以内に、国会を召集しなければならない」と規定している。これは、相当程度に明確な条文であり、解釈の余地はあまりない。他方で、表現の自由を保障した憲法21条のような条文は、「集会、結社及び言論、出版その他一切の表現の自由は、これを保障する」と規定するのみで、何が憲法によって保障された表現行為なのか、仮にある行為が憲法によって保護された表現行為だとしても、それをどのように保障すべきかまで定めたものではなく、具体的なケースでそれらを決定するためには解釈が必要となる。硬性憲法は、改正が困難である分、そうした曖昧な文言を用いて解釈の余地を残し、解釈によって時代の変動に対応する場合が多い。

「生ける憲法」

こうしたことを前提に、アメリカの憲法学者のデヴィッド・ストラウスは、「生ける憲法（Living Constitution）」ということを論じている。[*3] 憲法典を含めて、およそ法は時代の要請に適合したものでなければならないとの考え方は、「生ける法（Living Law）」と呼ばれ、レッセ・フェールから福祉国家への移行期にヨーロッパで問題になったものであり、アメリカにおいても知られている。[*4] 管見によればアメリカにおいて「生ける憲法」という概念が知られるようになったのは、１９２７年にコロンビア大学の憲法学の教授であったハワード・マクベインが執筆した『生ける憲法』[*5] によるところが大きい。もっとも「生ける憲法」という概念は多義的であり、どのような意味でこの概念を用いるかは

＊３　ストラウスの「生きる憲法」については、愛敬浩二「奥平憲法学とコモン・ロー立憲主義――「生ける憲法」という思想と方法」樋口陽一＝中島徹＝長谷部恭男編『憲法の尊厳――奥平憲法学の継承と展開』（日本評論社、２０１７年）３８３頁以下。

＊４　*See, e. g.*, Louis D. Brandeis, *The Living Law*, 10 ILL. L. REV. 461（1916）.

＊５　Howard Lee McBain, The Living Constitution（Macmillan, 1927）.

論者によって異なる。[*6]

ストラウスは、「『生ける憲法』とは、憲法典を公式に改正することなく、時を超えて進化し、変化し、新たな状況に対応する憲法のことである」[*7]と定義している。この定義から分かるようにストラウスの「生ける憲法」論の特徴は、それを憲法改正との関係で論じていることにある。ストラウスによれば、憲法典の改正手続が非常に困難なものである場合、そうした改正手続によって憲法典を時代や状況の変化に適合させることは現実的な選択肢とはなり得ず、「生ける憲法」しか選択肢はない。ストラウスの場合、「生ける憲法」の主たる担い手は裁判所である。コモン・ローの手法を用いて裁判所が漸進的に時代や状況の変化に適応させる形で憲法を解釈してゆくことになる。その際に裁判官は、「同じ問題を解決しようとしてきた他の人々の集合的な英知を参照することなく自分一人で問題を解決できるとの考え」を捨て「個々の人間が有する理性の力に関する謙虚さ」をもつ――「先例の尊重――という態度と、「どうすれば実際にうまくいくのか」という「注意深い経験主義」という態度が求められる。[*8]

「生ける憲法」と日本国憲法

ストラウスの「生ける憲法」という考え方は、憲法改正の必要性を考えるに際しても参考になる。アメリカ合衆国憲法と同様に日本国憲法のような硬性憲法は、前述したように、解釈の余地を残す文言で規定されている場合が多く、その場合にはかなりな程度まで解釈によって時代や状況の変化に対応することが可能である。

たとえば、日本国憲法によって表現の自由が法律の留保という制約を受けることなく保障されるようになった際に、表現の自由――特に政治的表現の自由――を保障したこととの関係で名誉の保護との調整が必要となった。これを受けて刑法が改正され230条の2という条文が加えられて、たとえ名誉毀損に該当する表現行為であっても、それが①公共の利害に関する事実に係り、②その目的が専ら公益を図ることにあると認められる場合には、③その事実の真否を判断し、真実であるとの立証があったときには、罰しないとの調整が刑法の改正というレヴェルでなされた。しかし、名誉毀損をなした側に真実であるとの立証を求めると、その立証は困難であり、政治的な表現行為が萎縮してしまう可能性が高い。そこで、裁判所は、その後、この調整に加えて、④たとえ事実が真実であると立証できない場合であっても、それを真実であると誤信したことについて、確実な資料、根拠に照らして相当な理由がある場合には名誉毀損は成立しないとのさらなる調整を加えている（「夕刊和歌山時事」事件・最大判昭和44・6・25刑集23巻7号975頁）。それだけではない。この④は裁判所が独自に加えたものであるが、①から③までは刑法の明文に根拠を有する。しかし、民事の名誉毀損に関しては、刑法230条の2に該当するような調整の根拠は明文上存在しないにもかかわらず、最高裁は、①～

＊6　この点については、*see*, William H. Rehnquist, *The Notion of a Living Constitution*, 54 Tex. L. Rev. 693（1976）; Bruce A. Ackerman, The Civil Rights Revolution（Belknap Pr., 2014）, at 34-35.

＊7　David A. Strauss, The Living Constitution（OUP, 2010）, at 1.

＊8　*Id.* at 40-41.

④までの調整は、民事の名誉毀損の場合にも妥当するとしている（最判昭和41・6・23民集20巻5号1118頁、「北方ジャーナル」事件・最大判昭和61・6・11民集40巻4号872頁）。

しばしば憲法改正論議において問題にされるプライバシー権についても、憲法典を改正せずとも、解釈によって対応は可能であり、すでに司法によってかなりの対応がなされている。憲法典を改正してプライバシー権を保障すべきだとの議論は、勇ましいものの、現在の裁判所による解釈による対応では、いったいどこが不十分で、その不十分さに対応するためになぜ憲法典を改正する必要があるのかが明らかにされてはいないように思われる。

5 「生ける憲法」と憲法改正の役割

このように、憲法典が「完全無欠」なものではなく、時代や状況の変化への対応を余儀なくされるものの、「生ける憲法」によってかなりな程度は対応可能であり、憲法改正の出番が限定されることは確かである。

ストラウスは「生ける憲法」と憲法改正の役割を論じているが、彼の見立ては「5条に従って用いられる公式の改正は、実際には憲法を変動させる重要な方法ではない。先例や伝統の進化という――『生ける憲法』を構成する憲法変動のメカニズムの方がはるかに重要である」[*9]というものである。アメリカの経験を前提に、ストラウスは、成熟した民主主義社会においては、憲法変動の主たる役割は「生ける憲法」に委ねられ、憲法改正は二次的な役割しか果たさないと主張している。[*10]別の論稿において、ストラウスは、「いくつかの限定を付す必要はあるが、〔憲法典の改正手続を定める――引用者注〕第5条が採択されず、憲法典がいかなる改正手続に関する条項を持たなかった場合でも、合衆国の憲法システムは現在のものと変わりなかったはずだ[*11]」とまで論じている。

ストラウスが、そのように考える根拠は４つある[*12]。

第一に、アメリカにおいては憲法典の改正がなされなくても、実際に改正に匹敵するほどの憲法変動が「生ける憲法」によって生じてきたことである。ニューディール期における連邦議会の権限が及ぶ範囲の拡大や、大統領――特に外交に関する――権限の拡大、連邦の官僚制の増大によって、アメリカの国家体制は建国期のそれとは根本的に変容したが、これらは憲法典の改正を経ないで生じている。ストラウスによれば、「もしわれわれが憲法の条文を素直に読めば、アメリカの現在の憲法のありようは想像以上に憲法典のテクストとは『矛盾している』。テクストに固執すれば、多くの最も重要でしっかりと確立された原理を放棄することになる[*13]」。

第二に、憲法改正の試みが失敗した場合にも、当の改正によって実現しようとした憲法変動が「生

*９　Strauss, *supra* note 7, at 116.

*10　このストラウスの主張は、長谷部恭男によってすでに紹介されている。長谷部恭男「憲法改正の意識と意義」全国憲法研究会編『憲法と有事法制（法律時報増刊）』（日本評論社、２００２年）２０８頁以下、長谷部恭男・前掲＊２・１２８－１３１頁参照。

*11　David A. Strauss, *The Irrelevance of Constitutional Amendments*, 114 Harv. L. Rev. 1457, 1459（2001）.

*12　Strauss, *supra* note 7, at 116-139.

ける憲法」によって実現されている。典型は、児童労働の規制である。連邦議会は1924年に児童労働を規制する権限を連邦議会に認める憲法改正案を可決し、州による批准に回したものの、1932年に必要な州の同意が得られず、憲法改正は頓挫したが、1940年代に連邦最高裁が判例によって児童労働を規制する権限を連邦議会に認める判決を下している。同様なことは、男女平等を求める憲法改正の場合にも当てはまる。合衆国憲法は修正14条で平等保護を定めているが、日本の場合とは異なって、性別による差別は明文で禁止されていない。そこで1970年代に性別に基づく差別を禁ずる改正条項（the Equal Rights Amendment）を付け加えることが連邦議会によって発議され、州による批准に回されたが、やはり必要な州の同意が得られず、改正は頓挫した。しかし、後に連邦最高裁は性別に基づく区別には中間審査基準を用いてその合憲性を審査するという判例を確立し、憲法改正が目指したのと同じ効果が改正を経ずに実現されている。

第三に、憲法典の明文の改正がなされる場合も、多くの場合、改正はすでに「生ける憲法」によって生じた憲法変動を追認するものにすぎない。その典型は、1913年に成立した、上院議員の直接選挙を認める修正17条の場合である。改正される以前の憲法では、上院議員は人民によって直接選出されるものではなく、州の立法府によって選出されることになっていたものの、1830年代以降、上院議員を直接選挙によって選出しようとする動きが生じ、修正17条が発議され州による批准に回された頃までには、上院議員を人民が直接に選出するのと同じような効果をもたらす改革が各州で立法によって実現されていた。明文の改正は、「生ける憲法」によって実現済みのことを追認する意味をもったにすぎない。

第四に、たとえ憲法典の明文の改正がなされようと、社会の側がその変化を容認しない限り、改正はさしたる効果をもたない。しばしば、アメリカで憲法改正が大きな意味をもった例として、南北戦争後の――「再建修正」と呼ばれる――修正13条、14条、15条が挙げられる。しかしながら、ストラウスによれば、「事態を変えたのは、これらの修正条項ではない。これらの修正条項は、それが採択された時点では殆ど何の変化ももたらさなかった。それらの修正条項がもたらそうとした変化は、社会自身が変化して、はじめてもたらされたのである。南北戦争に伴う修正に関してもっとも明らかなことは、それらの条項が批准された最初の１００年間に、それらが、いかに意味がなかったかということである」[*14]。奴隷制の禁止を定めた修正13条に関していえば、リンカーンの奴隷解放宣言によって、すでに多くの州で奴隷は解放されており、わずか４つの州で効果を発揮したにすぎない。平等保護を定めた修正14条と、黒人に選挙権を付与した修正15条については、南部はさまざまな手法を用いてその実現をさぼり、それらの修正条項が目指したものが実現されたのはずっと後のことである。

逆に、ストラウスは、憲法改正が意味をもつ場合を極めて限定的に理解している。第一は、当該社会が、そもそも立憲民主制を確立しようとする段階にある場合である。第二は、いわゆる「調整問題」を解決しようとする場合である。第三は、当該問題について概ね決着がついているが、少数が反

＊13　David A. Strauss, *The Supreme Court 2014 Term—Foreword: Does the Constitution Mean What It Says?*, 129 Harv. L. Rev. 1, 3 (2015).
＊14　Strauss, *supra* note 7, at 127.

対している場合である。[*15] 考えればすぐわかることだが、これらの場合、憲法改正に意味はあるとされてはいるものの、第一の場合を除けば、そこに憲法変動の手段として、憲法改正に重要な役割が期待されているわけではない。

6 「生ける憲法」再考

「生ける憲法」の意義

このように、ストラウスは、「生ける憲法」の意義を説き、憲法改正の役割と意義を限定して見せる。こうしたストラウスの議論をどのように評価すべきであろうか。

私は、先に述べたように、合衆国憲法の場合と同様、日本国憲法も硬性憲法であり、憲法典を改正するための手続は大変な手間暇を要する以上、「生ける憲法」という考え方は必然的に求められており、また多くの場合、憲法典は曖昧で解釈の余地を残す文言を用いて規定しているので「生ける憲法」を許容していると考える。その意味で「生ける憲法」という考えた方は、合理性を有する。

ストラウスの議論は日本の憲法改正論議を考える際にも、いくつかの意義を有するように思われる。

第一は、日本において憲法を改正すべきだとする議論の多くは、憲法典を改正すること自体を自己目的としており、どの条項を対象に、今いかなる改正をなさないと、どのような困った事態に直面することになるのかを曖昧にしてなされていることが多い。このように日本における多くの改正論は改正論としての真剣さ、真摯さが欠如しており、そのことをストラウスの議論は改めて教えてくれるように思う。すでに「生ける憲法」のレヴェルで変動が折り込み済みなら、憲法典を改正してみても大した意味はない。

第二に、逆に「生ける憲法」のレヴェルを超えたものは、場合によって、たとえ改正が実現されても、抵抗を受けることになり、その効果を現実のものとするためには、改正とは別の種々の努力を地道に積み重ねざるを得ない。*16

第三に、ストラウスは「生ける憲法」について広範な理解を採用し、憲法の条文のなかには裁判所によって執行されず、政治部門によって執行されるものも含めている。*17 日本の問題に関わるものとしては憲法9条の問題がある。

「生ける憲法」と憲法9条

周知のように、最高裁判所は憲法9条に関する問題の判断を回避しており、その結果9条の解釈に関しては内閣法制局が作成し政府に提供してきた解釈が有権解釈となっている。それは、憲法学者が

＊15　*Id.* at 117-118.

＊16　宍戸常寿は、「テクストとしての憲法」と「規範としての憲法」の区別を前提に、「テクストとしての憲法」を改正してみても、「規範としての憲法」の運用を担う専門家集団の合意を得ることに失敗した場合には、「規範としての憲法」の変化を生み出さない場合があることを指摘している。宍戸常寿「『憲法を改正する』ことの意味」論究ジュリスト9号（2014年）25頁。

＊17　Strauss, *supra* note 7, at 118-119.

なす解釈とはかなり異なった独自の解釈であり、9条2項前段で保持が禁止されている「戦力」に関する独自の理解を軸としている。政府によれば、9条2項前段で保持が禁止されている「戦力」とは、自衛に必要な最小限度の「実力」を超えるものであり、自衛隊は自衛のための必要最小限度の「実力」の範囲にとどまっているため、9条で保持を禁止された「戦力」には該当しないというものである。もっとも、政府の解釈によれば、何が自衛のための必要最小限度の「実力」に当たるかは、その時々の国際情勢や軍事技術の水準によって変化し、核兵器さえ場合によっては保持が許される。核兵器の保持すら「戦力」の保持に当たらないというのは、常識とは乖離するものである。

しかし、政府は長い間、憲法9条は個別的自衛権の行使のみ許容するもので、日本と密接な関係にある他国が武力攻撃を受けた場合に、それを日本に対する攻撃だとみなして共同で防衛にあたる集団的自衛権の行使は、自衛のための必要最小限度の「実力」の行使の範囲を超えるため、現状では違憲であり、憲法を改正しない限り許されないとの立場をとってきた。しかし、周知のように、政府は、内閣法制局に圧力をかけて解釈を変更させ、2014年7月に、「我が国に対する武力攻撃が発生した場合のみならず、我が国と密接な関係にある他国に対する武力攻撃が発生し、これにより我が国の存立が脅かされ、国民の生命、自由及び幸福追求の権利が根底から覆される明白な危険がある場合において、これを排除し、我が国の存立を全うし、国民を守るために他に適当な手段がないときに、必要最小限度の実力を行使することは、従来の政府見解の基本的な論理に基づく自衛のための措置として、憲法上許容される」という形で、限定的ながらも集団的自衛権の行使を容認する閣議決定を行い、そうした解釈の変更を前提に2015年に安保法制を整備した。こうした政府解釈の変更をも「生ける憲法」の営みとして肯定すべきだろうか。

たしかに憲法典は明文で自衛権の行使について規定しているわけではなく、限定的な集団的自衛権の行使を明文で禁じているわけではない。しかし、政府はこれまで限定的なものも含めて集団的自衛権の行使は憲法典を改正しない限り許されないとの立場をとってきた。今回の政府解釈の変更は、日本が武力攻撃を受けていなくとも自衛権の行使を可能にするものであり、従来の解釈とは大きく異なる。これを個別的自衛権として正当化することは著しく困難である。集団的自衛権の行使と個別的自衛権の行使とは質的に異なるものである。「限定的」という形容を加えて、質的相違であるものを量的相違に見せかけようというのは無理な話である。したがって、今回の９条の解釈の変更は、やはり単に解釈の変更として認められるものではなく、本気でそれを実現しようとするのであれば、解釈の変更ではなく憲法典の改正によってなすべきものだと考えられる。ストラウスの「生ける憲法」も、一見すると、憲法改正の無意味さを説き、「生ける憲法」の万能さを説くものであると読むことができるが、そのように読むべきではない。ストラウスの「生ける憲法」論は、国民の間で当該問題について議論を重ね、その結果一定の決着（settlement）を見たものであれば、改正にはさしたる意味はないというものであるにすぎない。憲法９条に関して、決着がついているわけではない。

「生ける憲法」論と「生かす憲法」論

最後に、ストラウスの「生ける憲法」論において主たる役割を果たすのは、裁判所を主とする有権的解釈機関であることは事実だが、「生ける憲法」の行方を左右する上で主権者である国民の意向が重要であることを忘れるべきではない。有権的な解釈権を有する機関が勝手に一方的に「生ける憲法」の内容を形成できるわけではない。「生ける憲法」を作るのは、わたしたち主権者である国民である。

日本で「生ける憲法」ということを自覚的に用いていたのは奥平康弘である。奥平は、１９８１年に「入門書」として著した『憲法』の「はしがき」において、同書は「生きている憲法、動いている憲法（a living Constitution）を描」くことを狙いとしたことを明らかにしているが、その際に「日本国民たる者ひとりの例外もなく主権者として、国の政治にかかわらざるをえないのであって……、憲法学習は、主権者たる国民すべてにとって、不可欠の前提であると思われる。……他人ごととしての憲法ではなく、自分のことがらとしての憲法、そして自分がこれにはたらきかける対象としての憲法」[*18]を提示することが同書の狙いであるとしていた。同書の「おわりに」では、「日本国憲法の理念、それが保持する諸価値」の新鮮さと普遍性が指摘されるだけでなく、奥平は、「われわれは、なおいまだ、それらを十分に日本の社会にとり入れ活かしているとはいえない。そしてまた、現代社会の変化に合わせて、これらを積極的に新しく展開させるのはわれわれの責務である」[*19]としている。奥平の「生ける憲法」論とストラウスの「生ける憲法」論には「決定的な違い」[*20]があることを筆者も否定しない。ストラウスの場合、「生ける憲法」とは憲法の現実の動態であり、その認定は最終的な有権的解釈権を有する裁判所の手に委ねられることになる。しかし、ストラウスも社会運動や世論が「生ける憲法」を動かすことを否定するものではない。これに対して奥平の場合、憲法を動かす私たち主権者に主役の地位が割り振られる。奥平の「生ける憲法」論は、主権者である私たちが「憲法を生かす」という意味で「生かす憲法」論である。憲法について知り、じっくりと考えること、それが「生かす」ことの前提となる。

＊18　奥平康弘『憲法』（弘文堂、1981年）ii頁。
＊19　同262頁。
＊20　愛敬・前掲＊3・388頁。

第Ⅱ部

改憲提案を検証する

第１章　憲法に自衛隊を書き込むことの意味

青井 未帆

１　はじめに

憲法９条改正をめぐる近時の動きを簡単に振り返っておこう。２０１２年に出された自民党の「日本国憲法改正草案」では、現行の９条２項を実質的に削除したうえで、９条の２として、「国防軍」を新設することが提唱されていた。もっとも、その後、議論が深まることはなかった。

事態が大きく動いたのは、２０１７年5月3日であり、安倍晋三首相が自衛隊を憲法に明記することを提案したことを受けて、この路線が優勢となる。２０１８年2月の末に、自民党憲法改正推進本部は、党員から募った案を整理して、⑴９条2項を維持し自衛隊を明記する、⑵９条2項を維持し自衛権を明記する、⑶９条2項を削除するといった類型を示した。当初は、２０１８年3月25日の自民党大会にて自民党原案が決定される見込みと報じられていた。

しかし、財務省公文書改ざん問題等の影響も受けて調整が難航し、自民党大会では、党憲法改正推進本部が憲法9条などの改憲4項目について「条文イメージ・たたき台素案」をまとめたことが報告されるにとどまった。素案の内容も党内の様々な意見を盛り込んだというに過ぎず、十分に検討が深められているものとはいえない。

現在語られている憲法9条改正案は、いずれも問題の多くを共有しており、本稿ではまとめて、「自衛隊を憲法に書き込むことの意味」として検討する。しばしば「いま存在している自衛隊をそのまま書き込むだけで、現状維持である」などと説明されているが、そんなことはあり得ない。私たちの社会や文化を大きく変える転換点ともなるものである。現行9条の拠って立つ基盤を確認しつつ、改憲論議において私たち国民に何が問われているか、考察を進めたい。

2　憲法と防衛作用

日本国憲法は9条で戦争放棄、戦力不保持、交戦権の否認を定めているため、「国の防衛作用を全く予想せず、従って、これに関する規定を置いていない」[*1]という理解もあり得る。しかし、政府は国の防衛作用を行政作用の一つとして、説明してきた。これが何を意味するかは、9条への自衛隊の明記をめぐる問題と深く関わっている。

そこで、このことを考えるにあたり、まず前提問題として、日本国憲法における統治の構造を概観しよう。日本国憲法は、私たちの人権がよりよく保障されるための法であり、国会、内閣、裁判所といった憲法上の機関に権力を配分して、その作用、権限、地位、組織を定めている。その主なものを見るなら、「国会は、国権の最高機関であつて、国の唯一の立法機関であ〔り〕」（41条）、衆議院と参議院によって構成されている（42条）。「両議院は、全国民を代表する選挙された議員でこれを組織する」（43条）。両議院の関係について、憲法は内閣不信任決議権（69条）、予算先議権（60条１項）などを特別に衆議院に認めており、法律・予算の議決、条約の承認および内閣総理大臣の指名について衆議院の優越を認めている。

内閣には行政権が帰属し（65条）、内閣の下には行政各部（72条）、つまり官僚組織の存在が想定されている。内閣は、「他の一般行政事務の外」、法律の誠実な執行・国務の総理、外交関係の処理、条約の締結、官吏に関する事務の掌理、予算作成、政令制定、大赦等の決定が職務として掲げられている（73条）。

司法権は、最高裁判所及び法律の定めるところにより設置する下級裁判所に属する（76条）。また裁判所には、明治憲法（大日本帝国憲法）下には認められていなかった違憲審査権が付与されている（81条）。

それぞれの機関は、自らに与えられた権限の範囲内でしか行動できない。なんでもできる力を与えられた国家機関など存在しないのであり、それは立憲主義の一つの意味である。私たちが、国家の行為をとらえて「そんなことは違憲だ！」と主張するとき、それは「憲法が定めた限界を超える行為だ

＊１　杉村敏正『防衛法』（有斐閣、１９５８年）83頁。

から許されない」ということを意味している。たとえば、国会は法律という形式によって、私たちの権利を制限したり義務を課したりすることもできるが、人権を侵害する法律を作る権限は与えられていない。そんな法律は「違憲＝無効」である。

さて、9条との関係で、上記の構造について確認したいのは、日本国憲法に軍隊に関係する規定が「ない」点である。対照的に明治憲法には、軍に関わる規定はいくつも存在した。[*2] 9条と9条の下での防衛作用を理解する際には、明治憲法体制下との違いが鍵を握っている。

そこで明治憲法体制と軍隊を振り返ると、軍隊は明治憲法によって作られたものではない点に留意したい。では、近代日本の軍隊はいつ作られたのか。征夷大将軍・徳川慶喜が大政奉還をしたが、それは天皇自身の兵力を背景になされたのではなかった。天皇および明治新政府にとって、国家の軍隊を作り出し、その実力を背景に廃藩置県を実施していくことが課題となる。そして、軍隊に大衆を動員しつつ、軍隊を政治からは引き離して安定した国防国家とするための諸制度が、プロイセンを参考として準備された。明治憲法制定に先立つ軍人訓戒、軍人勅諭、参謀本部の設置・統帥権の独立は、かかる課題の解決方法である。

しかし、明治憲法体制は、憲法以前に存在した実力や軍事的慣習[*3]を統制することに、結果的に失敗してしまった。日本国憲法において、文民条項（66条2項）を除いて、軍隊に関わる条項が消えたことは、以上の文脈において理解されなければならない。かつての軍制は、9条のうしろに見えにくい形で隠れつつ、形を変えて今日に至ったのである。

3　自衛隊について

防衛省と自衛隊の性格

それでは、日本国憲法９条の下でとられてきた防衛に関わる制度はどのように位置づけられてきた

＊2　明治憲法の、軍事に関わる条項を掲げると、次の通りである。
第10條「天皇ハ行政各部ノ官制及文武官ノ俸給ヲ定メ及文武官ヲ任免ス但シ此ノ憲法又ハ他ノ法律ニ特例ヲ掲ケタルモノハ各〻其ノ條項ニ依ル」
第11條「天皇ハ陸海軍ヲ統帥ス」
第12條「天皇ハ陸海軍ノ編制及常備兵額ヲ定ム」
第13條「天皇ハ戰ヲ宣シ和ヲ講シ及諸般ノ條約ヲ締結ス」
第14條「天皇ハ戒嚴ヲ宣告ス　戒嚴ノ要件及効力ハ法律ヲ以テ之ヲ定ム」
第20條「日本臣民ハ法律ノ定ムル所ニ従ヒ兵役ノ義務ヲ有ス」

＊3　松下芳男『日本軍政と政治』（くろしお出版、１９６０年）１３２－１３３頁は、終戦時まで他の大部分の憲法学説が、慣習や軍隊という性質を根拠として統帥権の独立を支持していたことを振り返りつつ、「事は既に過去になったけれども、もしも当時広義の統帥権を軍令大権と称し、狭義の統帥権を統帥権と確称し、軍令大権事項から、その統帥権事項を除去したものについては、国務大臣の輔ひつを要するというように、憲法を解釈したとしたならば、日本の政治は相当に異なる歩みをしたものと考えられる。……／しかし今はいっさいは空しい希望に終わった。せめてこの事実を深く銘肝して、今後のいんかんとしなければならぬであろう。歴史こそ、無常の教訓であることを忘れてはならぬ。」と述べている。

のだろうか。
２０１４（平成26）年7月1日の閣議決定「国の存立を全うし、国民を守るための切れ目のない安全保障法制の整備について」（以下、２０１４年閣議決定とする。）によって、集団的自衛権が限定付きとはいえ行使可能とされるなど、大きな転換も生じているが、防衛法制の「つくり」自体は、初期の頃から維持されている。９条への自衛隊明記はこの「つくり」そのものに大転換を迫るものである。

さて、朝鮮戦争をきっかけに創設された警察予備隊・海上警備隊（１９５０（昭和25）年）は、保安隊・警備隊（１９５２（昭和27）年）へと改組され、そののち１９５４年に防衛庁が設置され（現・防衛省）、自衛隊が発足した。

警察予備隊は「警察力の不足を補う」ものとして出発したが（予備隊令1条）、保安隊法ではこの文言が削除された。そこで「防衛」という作用の法的性格をどう理解し、実力組織を他の国家行政組織との関係でどのように法制化してゆくかは、理論的に難しい問題を提起する。さらに、当時は、服部卓四郎・元陸軍大佐を中心とする旧軍グループが吉田茂首相の暗殺を企てていたことにも見られるように、実力の統制がリアルな問題として為政者に意識されていたであろう時代状況であることにも注意を払いたい。*4

さて、先に国家の作用としての立法権、行政権、司法権が、国家諸機関に振り分けられていることを概観した。学説の通説は、立法権と司法権をそれぞれ定義して、残りの行政権は全国家作用から立法権と司法権を「控除したもの」と理解しており（控除説）、全国家作用は基本的にはこの説明で網羅され得ることになりそうである。

もっとも、実は、伝統的な軍隊との関係でいえば、そう単純ではない。というのも、法律に基づく行政は、行政法における一般原則であるが、戦闘において行使される国家権力は国民に向けられてはいない。また、軍事作用には、警察比例の原則など、国内法上の制約は課されない。これらの軍事作用の特徴を思うときに、通説的な控除説で果たしてよいのか、議論の余地は大いにある。[*5]

しかし、政府は日本国憲法9条の下での防衛作用の理解において、控除説にたちながら、「国の防衛に関する事務は、一般行政事務として、内閣の行政権に完全に属して［いる］」[*6]ものとして理解してきたのである。

防衛省は、財務省や法務省といった他の省庁と横並びで理解される「行政各部」の一つである。国家行政組織法にしたがって組織が編成されており、防衛省設置法によって設置されている。自衛隊は、防衛省設置法および自衛隊法が根拠となっており、部隊は防衛省の組織の一つをなす。防衛省設置法と自衛隊は、組織に関する法（行政組織法）であり、また自衛隊法は実施にかかる内容を定める法（行政作用法）でもある。防衛省と自衛隊は同一組織であり、行政機関の観点から捉えた防衛省を、部隊組織の面からみると自衛隊となるという見方が一般になされている。

つまり平たくいうと、政府は防衛省・自衛隊という組織を、基本的には「普通の役所です。」と説

＊4　2007年にCIAの文書から明らかにされた（読売新聞2007年2月27日）。
＊5　小針司『防衛法制研究』（信山社、1995年）第4章など参照。
＊6　平成29年度『防衛白書』234頁。

明してきたわけである。そうなると、防衛法にもまた通常の行政法の基本原則が当然妥当することになるため、自衛隊の行動について、普通の行政機関とは大きく異なる扱いをするには限度がある。他の役所とは違う特別な組織であることを根拠づける憲法根拠がないからこそ、であった。憲法に根拠がないため、特別な作用を付与された特殊な機関としては、説明できないのである。

このことは憲法上の機関として、会計検査院と比べたときにイメージがしやすいかもしれない。国有地が学校法人「森友学園」にゴミの撤去費分として約8億円値引きされて売却された問題で、会計検査院が値引きの根拠となったごみ推計量について、「十分な根拠が確認できない」とする報告書をまとめた。そしてこれは、会計検査院が問題に切り込んだという肯定的なイメージで報道された。ではなぜ問題に切り込めたのか。

会計検査院は、憲法上の機関として、その職務が憲法90条に規定されている（「国の収入支出の決算は、すべて毎年会計検査院がこれを検査し、内閣は、次の年度に、その検査報告とともに、これを国会に提出しなければならない。」）。だからこそ、内閣に対しても、独立の地位が認められている（会計検査院法1条「会計検査院は、内閣に対し独立の地位を有する。」）。独立の地位なので、内閣の下にある一般の行政組織にはできないことができるのである。

繰り返しになるが、防衛省・自衛隊についていえば、憲法の根拠なく法律で、行政機関の一つとして作られたため、特殊性を前面に押し出すことには限りがあった。たとえば、軍事機密の保護にしても、２０１３年の特定秘密保護法によって特別扱いされるようになったものの、ながらく防衛機密であるということを理由に、特別に重く保護するというような法制度は作れなかった。あるいは、いわゆる「敵前逃亡」について、ほかの国の軍隊では、最高で死刑にも問われるところ、わが国の場合は7年以下の懲役または禁錮が科せられることとなることも特徴的である（自衛隊法１２３条1項5号）。一般公務員に課せられる最も重い刑罰が懲役3年以下の懲役であるので、他の公務員との関係で科刑上著しい不均衡を生じさせ得ないためである。

また、かつての統帥権に相当する、自衛隊の指揮監督権（自衛隊法7条「内閣総理大臣は、内閣を代表して自衛隊の最高の指揮監督権を有する。」）についても、内閣総理大臣が持つ行政各部の指揮監督権（憲法72条「内閣総理大臣は、内閣を代表して議案を国会に提出し、一般国務及び外交関係について国会に報告し、並びに行政各部を指揮監督する。」）の確認規定と説明されている。つまり、閣議を経ないと、指揮監督権の行使はなし得ない。軍事的な組織を動かすことは、一般の行政作用とは異なる特質をもつことを強調するならば、その責任の所在を明らかにするうえでも、独任の機関に指揮監督権を付与するほうがよいという意見もあり得る。しかし、政府解釈ではそのような理解が取られていない。

そして、２０１4年閣議決定までは、「集団的自衛権を日本は国際法上有しているが行使し得ない」として自衛権にタガを嵌めてきていた。これは「軍隊ではない」ということを担保するうえで大きな意味をもっていたといえる。

崩されつつあるものの、〈「軍事に関わる」という理由を出せば当たり前のように特別扱いされる〉ことはない。この点が、我が国の防衛法制の大きな特徴であった。

諸政策との関係で

さらに、安全保障関連の政府の政策をもう少し広角に見れば、「戦力をもたない」「軍隊ではない」ということは、より広く様々な政策に具体化されてきた。また、それを支える文化的な土壌が存在してきた。

その好例と考えられるのは、武器禁輸政策である。２０１４年４月に防衛装備移転三原則へと変わったが、それまでは武器輸出三原則という武器禁輸政策が取られていた。この原則は憲法にも法律にも明記されてはいなかったものの、長年、武器輸出は「慎む」とされてきており、現実的にはほとんど輸出しないという時期が長かったのである。また、２０１５年の防衛装備庁発足にあたっても、森本敏・元防衛相が、「〝レピュテーション（評判）リスク〟の克服が課題になる。防衛各社にはいまだに『武器商人』のレッテルを貼られかねないとの警戒心がある。」[*7]と発言していたことにうかがわれるように、国民の間には武器を売って利益を上げることへ強い抵抗感がある。

そのほかにも、非核三原則を平和国家としてのモットーのように掲げてきたことや、防衛費ＧＮＰ１％枠が長いこと事実上においても守られてきたことも、この関係において理解し得る。

全体として見たときに、根っこの部分にある、９条によって軍に関する規定をなくしてしまうという試みが、いろいろな形で日本の法制度に作用し、法の仕組みにしても、また憲法文化的な側面にも、影響を及ぼしてきたのである。憲法の前文や９条というテキストを核に、政府解釈・学理解釈、関連諸政策が周りを囲み、さらには平和という価値への国民的コミットメントが全体を支える形で、一つのプロジェクトのように展開されてきたものといえる。これをここでは「９条のプロジェクト」と呼んでおきたい。内閣・内閣法制局、国会、裁判所、法律家共同体、国民といったアクターが、動的に作り出してきた、一つのパラダイムであったと考える。

4　自衛隊の明記の意味

「9条への自衛隊の明記」は、かかるパラダイムにおける説明や理解と根本的に衝突することとなる。しばしば「書き込むだけでなにも変わらない」と強調され、「政府解釈を1ミリも動かさないで自衛隊を明確に位置付ける方向性」が示されているが、それは無理である。現在の政府解釈は、憲法に根拠がないからこその理由づけなのであって、憲法に根拠を作ったのちに同じ論法をとる論理的必要性はない。

上述のとおり、政府解釈において、これまでは特殊性を正面から明らかにすることなく、他の一般行政事務の中に埋もれさせて防衛作用が語られてきた。しかし「自衛隊」や「必要最小限度の実力組織」として憲法に明記されると、行政各部とは異なるものとして、位置づけられることになる。これまでの説明がいたるところでほつれることになる。たとえば、防衛省が法律で作り出された行政機関であるのに対し、自衛隊は憲法上の機関となるのであるから、現在の、同一の組織を行政機関の面から見ると防衛省で、部隊組織の面から見ると自衛隊であるという説明はもうできない。

＊7　https://www. sankeibiz. jp/macro/news/151003/mca1510030500007-n1. htm

なぜ「自衛隊」を明記するのかを、もし合理的に説明するとしたら、それは他の一般の行政機関には引き受けられない特別性を担保するためであろう。では、その特別性とは何か。この問題は、これまで政府解釈においても学説においても一般には正面から扱われてきていないことに注意を払いたい。将来的な青写真が現時点で明らかにされてはいないため、確定的にこうなると断言はできないものの、常識から考えても、特別扱いをするための根拠規定が設けられた以上は、自ずと特別性を強調する方向へと議論が進むことになろう。

しかし自衛隊がいかなる特別性をもつか、それに対応する法的な仕組みは、現在なされている提案では不分明である。では実質から考えて、自衛隊は他の行政機関と比べたときに、どういう特質を有するか。それは、「自律性が高く、上意下達の徹底した組織であり、高い紀律が求められる、対外的な関係で実力を行使する組織」であることに求められる。ここで紀律の維持を強調するなら、軍法会議の設置が論点となろう。しかし現在は憲法76条2項で軍法会議などの特別裁判所の設置が禁じられているのだから、そうなると憲法76条2項の改正論議ともつながる話である。また、「最高指揮官」あるいは「最高の指揮監督権」を有する首相と、主任の国務大臣である防衛大臣との間の権限の切り分けはどうなるのか。他の一般行政事務の指揮監督権と、自衛隊の最高指揮権あるいは指揮監督権の行使はいかなる意味において異なるのか。

さらに、自衛隊に対して他の国家機関がどのような抑制権限をもつかという議論が当然になされなければならないはずだ。そもそも、軍に関わる規定がない日本国憲法に、実力組織を書き入れる以上は、他の憲法上の機関が憲法上もつべき権限の範囲や内容を精査し直すべきである。しかし、現状はそのような議論からはほど遠い。

たとえば、「国会の統制に服する」と単に書くだけで、国会に与えられている権限を変えることなく、文民統制の要請を満たすものといえるか。統制に不可欠な情報の多くは特定秘密の指定がなされることだろう。これまで以上にきちんと特定秘密にアクセスできることを別途保障しなければならない。さらに、司法府がどのようなチェック機能を果たすべきか。場合によっては、裁判所による抽象的な違憲審査を可能とする制度を導入することも、事柄の大きさに鑑みれば、必要となろう。

実力組織を憲法に加えて、真剣に「統制」を語るのであれば、統治機構全体に関わる問題として位置づけなければならないはずである。

なにしろ、自衛隊を書き込むことにより、発想が１８０度転換するのである。理屈からすれば、その先にさらなる改正が予定されるものであろう。その後に続く改正まで視野に含めるならば、自衛隊を書き込むことによって、“point of no return”（もうもとには戻れない地点）を確保するというのが、「自衛隊明記」の意味であろう。その先の青写真なく自衛隊を憲法上の機関とする提案をするのは、目隠しをさせたまま重大な判断について国民に白紙委任を求めるに等しいのであって、強く批判されるべきである。

5　改憲論以前の話として——改憲できるような状況なのか？

2段階改憲論

しかし、そもそも改憲が論じられるような状況に、私たちはあるのか？

各種世論調査の結果よりすると、改憲機運を高めようという試みは、投ぜられたエネルギーに比べ、十分な成果をあげているわけではないように見える。その一つの理由は、今回の憲法改正は、所詮は暫定的で便宜的なものになるのだというメッセージが、改憲を提案する側から、しばしば発せられているところにあるのではないか。改憲が自己目的化していると受け止められて不思議はない。

たとえば、自民党の船田元・憲法改正推進本部長代行は、憲法9条の加憲案について、まずは2項を維持したまま自衛隊を明記する改憲を実現し、その後に2項削除を実現するという2段階の改正にたびたび言及している（２０１７年12月21日・ＢＳフジ番組など）。要するに、本当の狙いは2項削除にあり、今回は9条2項削除をしやすくするための改憲である、と。

しかし、それが憲法という国家の基本的な法を扱う正しい態度なのか。大日本帝国憲法や日本国憲法の制定において戦わされた真剣な議論と比べても、その不真面目さや不誠実さは際立っている。他の政治的課題にかけられるべきエネルギーも多く投入しなければ、憲法改正を行うことはできない。解決を要する課題が山積しているなかで、相当な理由もないまま、あるいは示さないまま憲法をいじるのは、間違っているし、馬鹿げたことである。憲法は、権力を統制する法であり、その影響は、一夜にしてとはいわないが、わが国の法体系全体に及ぶ。戻れない地点を確保することで、実質的に2項を無効化するものである。

日米安保条約体制

さらに、今日なされている議論にどのくらいアクチュアリティがあるものか、疑いがある。憲法改正を必要とする事実がどのようなものか、事実のレベルで、実力の統制に関わる問題の所在と内容を精査することが必要である。

戦後の安保政策について観察するなら、日本国憲法を頂点とする法体系の「外」において政策の方向が決められ、それが内閣の引き受けるところとなり、国会が法的お墨付きを与えるということが、長年にわたって行われてきたところである。そこには、機能の面において、明治憲法にとっての外部であった「統帥権の独立」の占めた位置と類似するところがないだろうか。

安保政策について、現実に、どこまで日本政府の決められることであり、本当の意味で変えられることなのか。有事の自衛隊の指揮権の所在も含めて、日本が自由になし得る話は少ないというべきではないのか。日米安保条約体制や日米地位協定の改定論を括弧にくくったまま、真に実効的な改憲論議ができるのか疑問である。

軍事の特殊性や特別性を否定する憲法上のつっかえ棒がとれるということは、深化する日米同盟あるいは自衛隊と米軍で進む「統合」に関わり、日本の政治が独自に判断できる余地が、もっと小さくなるということを意味する。軍事行動において「統一指揮が原則」であり、「指揮の関係が協同関係にせよ、統一指揮にせよ、主導権は国と国との力関係で、兵力量、装備、運用等の優れた国が握り、主導権を握る国の指揮官が定めた作戦方針、作戦要領に対して異論を唱えることは難しく、同意せざるを得ないというのが実情である」[*8]。憲法で最高指揮権を書いたところで、自己満足にしかならないということになりやしないか。

大正時代の戦争指導は、軍部が指導して行われた。「政治家は、軍事はわが事ではないとする態度をとり、その研究に不熱心なために、自然に軍人の専掌に帰した」という指摘がある[*9]。同じことが、しかも他の主権国家を交えながら、起こっている恐れはないか、真剣に考えられるべきである。

6　おわりに――平和という価値による支え

以上のように、自衛隊を書き込むことをめぐっては、その背後に無数の極めて重い論点が控えている。単に書き込むだけで終わるものではないことを改めて強調しておきたい。さらにそれは、日本国憲法が立脚する平和主義のありようや、私たちの社会の価値観をも変えてゆこう。「果たしてそれでいいのか」を問うことができるのは、今しかないのかもしれない。

改めて考えてみれば、他の国に例を見ない9条、特に9条2項のような選択を実行するのは容易ではないはずである。現実にはあり得ないことだが、過去のないマッサラな状態から憲法を制定し国家を作るとして、9条2項を導入することに成功するだろうか？　戦争放棄・戦力不保持・交戦権の否認がただならぬ規定であることを忘れるべきではない。

では、なぜかくも多年にわたり9条は改正されることなく存続し、さらには「平和国家」としての様々な施策を生むに至ったのか。それは、「平和」の価値を受容し、戦争や戦力に正統性を認めないことを軸とする社会文化も含め、さまざまの実践が憲法条文を補完してきたからであろう。「9条のプロジェクト」は、法制を貫く論理の面のみならず、それを支える価値の面とが相俟って動かされてきたものであることを強調したい。

かかる価値を支えてきたさらなる源としては、前文に謳われる「戦争の惨禍」が共通体験として存在したことがあろう。それでは、戦争体験を共有しない世代は「9条のプロジェクト」を継続させることが不可能なのか。そうではあるまい。胸に刻み続ける努力を惜しむのでなければ、ではあるが。日本国憲法が「平和憲法」と呼ばれるのには、十分な理由があったのであるし、消し去ることのできない出発点である。いわゆる護憲派においても改憲派においても、9条や前文のコミットする平和主義が日本国憲法の大きな特徴であり、この点において他の国とは異なるのだと考えられてきたことを確認したい。

論理の変質と価値の変化は、平和主義の様相を一変させパラダイムの転換にもつながり得る。2014年以降に起こっているのは第一に論理の変質である。それはダイレクトに価値を変質せしめているわけではないかもしれないが、価値のあり方とも密接な関係を有する。果たして、平和への強いコ

＊8　防衛大学校・防衛学研究会編『軍事学入門』（かや書房、1999年）。
＊9　松下・前掲＊3・47頁。

ミットメントや共有されるモラリティなしに「9条のプロジェクト」は成功するのだろうか。

国民の間で、北朝鮮の核開発やミサイル発射に対して、さらなる圧力をかけることを求める声も強い。武器輸出三原則が2014年に防衛装備移転三原則へと転換し、大学での軍事研究や安全保障目的での宇宙開発が語られるようになってきた。「今そこにある危機」が喧伝され、国防を充実することを求める下からの声も相当に大きくなっているように思われる。[*10]

過剰な危機の宣伝の陰で、「戦争を許さない」「武力によらない平和」という当初目指されていた価値が、「武力行使もいたしかたない」へと、そっと変わりつつあるのではないか。それは、9条の出発点、そしてまた、長年理解されてきたところの、他の国とは違っていたはずの「平和国家」とは正反対のものである。日本をどういう国家・社会にしたいのか。憲法9条改正は、そうした骨太の議論抜きにしてはならない。

*10　Harold D. Lasswell, *The Garrison State*, 46 American Journal of Sociology 455 (1941).

コラム　外国は憲法改正にどう向き合っているか1

改憲論議と比較憲法――イギリスの場合

愛敬　浩二

1　憲法改正の回数の比較に意味があるのか

自民党が改憲論議を促すために作成したパンフレット「日本国憲法改正草案Q＆A」（増補版、2013年）は、日本国憲法を改正すべき理由として、諸外国における憲法改正の回数を挙げる。「世界の国々は、時代の要請に即した形で憲法を改正しています。主要国を見ても、戦後の改正回数は、アメリカが6回、フランスが27回、イタリアは16回、ドイツに至っては59回も憲法改正を行っています（平成25年1月現在）。しかし、日本は戦後一度として改正していません」（3頁）。

「Q＆A」はご丁寧に、アメリカ、フランス、カナダ、イタリア、ドイツ、日本の6ヶ国について棒グラフを作成し、「日本の異常さ」を視覚的にも際立てよう工夫しているが、政権交代の回数について同様のグラフを作成したら、日本はアメリカ以下の5ヶ国よりも中国や北朝鮮に近いことがわかって、がっかりするかもしれない。ともあれ、それぞれの国の憲法制度や政治状況を考慮せずに、単に回数のみを比較することの馬鹿々々しさはお分かりいただけたものと思う。

2　比較憲法の知見を参照する意味

もちろん、外国憲法の制度・運用に関する知識（比較憲法）は、学問的な手順をきちんと踏めば、「憲法改正をよく考える」うえで大いに参考になる。第Ⅰ部第1章「憲法改正をよく考えるための基礎知識」でも、第13修正に関わるアメリカの改憲論議と現在の日本の改憲論議のあり方を比較対照してみたが、これも比較憲法の知見を利用したものである。また、同章の4で、「日本国憲法は、硬性度の高い憲法と評価される」と書いたが、比較憲法の知見を踏まえると、憲法の硬性の度合いと憲法改正の難易度の問題は区別して論じる必要性に気づかされる。

アメリカ合衆国憲法には27の改正条項があるが、その半数以上は19世紀半ばまでに制定されている。最後の第27修正が成立したのは１９９２年であり、その内容も、「上院議員および下院議員の歳費を改定する法律は、その成立後に行われる下院議員の選挙ののちまで施行されてはならない」という慎ましいものであった。民主党支持の州と共和党支持の州がはっきりと分かれる現在のアメリカ政治の深刻な分裂状況の下では、政治的な意見対立の激しい憲法改正案が「4分の3の州の批准」という要件をクリアするのは極めて困難であるとの評価がある。ドイツについては、比例代表制を主として小選挙区の要素を加えた「小選挙区比例代表併用制」の下で、左右の二大政党（社会民主党とキリスト教民主・社会同盟）のいずれかが単独で連邦議会の過半数の議席を獲得することすら容易ではない。そのため、「連邦議会構成員の3分の2の同意」（ドイツ基本法79条）という要件の下では事実上、左右の二大政党の合意なしに基本法は改正できないとの評価がある。[*1]

以上のとおり、憲法改正の回数を数え上げるというようなやり方ではなく、学問的な手順を踏んだ比較憲法の知識は、「憲法改正をよく考える」際の必須アイテムといえる。そこで本書では、コラムというかたちで、アメリカ（１１５頁）、ドイツ（１４５頁）、フランス（１８７頁）、そして、「グローバル化する世界における憲法改正」（２２５頁）についての基礎知識を提供している。

3　イギリス「憲法改革」から学ぶ

硬性の憲法典が存在しない点で、イギリスの憲法は独特であるが、１９９７年総選挙でのブレア労働党（ニュー・レイバー）の圧勝以降、約20年に渡って継続的に、イギリスでは憲法の「現代化」を目的とした「憲法改革」が進められてきている。たとえば、①１９９８年人権法の制定・施行による「人権の裁判的保障」の強化、②大法官の廃止、最高裁判所の設置、裁判官選考委員会の設置、審判

＊1　アメリカに関する記述は、駒村圭吾＝待鳥聡史編『「憲法改正」の比較政治学』（弘文堂、２０１６年）所収の川岸令和「立憲主義のディレンマ――アメリカ合衆国の場合」を、ドイツについては、近藤正基「ドイツにおける憲法改正の政治」を参考にした。

所改革等の一連の司法制度改革、③スコットランドへの大幅な権限移譲に代表される地方分権(devolution) 等がその例であるが、日本の憲法制度・憲法運用との関係で注目されるのが、2011年国会任期固定法である。[*2]

イギリスの首相による庶民院の解散は従来、国王大権を代行するものとして、首相の専権的な政治判断で行えるとされてきた。しかし、国会任期固定法の成立によって、庶民院議員の任期は5年間に固定された。庶民院の側には任期満了前に選挙を実施するための手段が与えられているが（庶民院で3分の2以上の賛成で選挙実施動議が可決された場合、選挙が実施される）、首相には与えられていない。すなわち、国王大権に基づいて首相の自由な判断で行われてきた庶民院解散権は廃止されたのである。

国会は無限定な立法権を有するとする「国会主権の原理」と小選挙区制と二大政党制を特徴とする「ウェストミンスター型」の議院内閣制の下で生ずる「選挙独裁」（選挙で選ばれた政府の権限が強すぎることを批判する用語）の問題への対応も、イギリスの「憲法改革」にとっての大きな課題であった。1998年人権法の制定がその一例である。国会任期固定法の意義も、この文脈で評価できる。日本では安倍政権が「首相の専権」という誤った理解の下で（衆議院の解散は内閣の権限であり、首相の権限ではない）、党利党略のための衆議院の解散・総選挙を繰り返しているので（2014年12月、2017年10月）、日本の改憲論議においても、イギリスの国会任期固定法の制度とその制定をめぐる議論等は参考にすべきものであろう。

ところで、2017年5月、テリーザ・メイ首相はEU離脱の方針を問うとして、前回の総選挙から約2年後に解散・総選挙に打って出たが、この「メイの賭け」が実現したのは、最大野党の労働党がこの「勝負」を受けてたったからだった（労働党が総選挙の早期実施に反対したら、「3分の2以上の賛成」という要件は充足しない）。２０１７年4月の時点で、メイ首相が率いる保守党と、「民主的社会主義者」を自認するジェレミー・コービンが率いる労働党の間の支持率は約20％も開いていた。総選挙が実施されたら、労働党は歴史的惨敗をする可能性もあった。それにもかかわらず、いや、だからこそ、コービンはこの勝負を受けて立ち（左派のコービンは党内基盤が弱いため、この勝負を避けたら、党首としての地位が危うくなったであろう）、「賭け」に勝った。労働党は前回の総選挙よりも30議席増やした一方（２６２議席）、保守党は12議席も減らし（３１８議席）、第一党の地位は維持したが、単独過半数（３２６議席）には届かなかった。

日本のメディアでは、「メイ首相の賭け」という話ばかりが報じられたが、「コービンの賭け」でもあったことをぜひ知っていただきたい。そして、このような「総選挙というドラマ」が実現したのも、「勝負を受けるか否か」を決める権利が実際上、野党の側にある国会任期固定法のおかげである。

学問的な手順を踏んだ比較憲法の知見は、改憲論議のみならず、日本の政治の現状を改善するための方策を考えるうえでも有用である。

＊2　イギリスの「憲法改革」については、松井幸夫編著『変化するイギリス憲法』（敬文堂、２００５年）、倉持孝司ほか編著『憲法の「現代化」』（敬文堂、２０１６年）に収録された論稿を参照。

第2章　政治的表現の自由の現状と萎縮

塚田　哲之

1　改憲動向のなかの政治的表現の自由

現在の明文改憲動向のなかで、表現の自由の扱いがメイン・テーマないし優先的課題となっているわけではない。しかし、すでに多くの批判を受けている2012年自由民主党憲法改正草案（以下、「自民案」という）は、人権一般の制約原理として「公共の福祉」（日本国憲法12条・13条後段）を「公益又は公の秩序」（自民案12条後段・13条後段）に置き換えるだけでなく、集会・結社の自由を含む表現の自由について「前項の規定にかかわらず、公益及び公の秩序を害することを目的とした活動を行い、並びにそれを目的として結社をすることは認められない。」（同21条2項）という制約規定をわざわざ設けており、政治的表現の自由をターゲットとした制約をもくろんでいるのではないかとの疑念がつきまとっている。*1

ここでは日本国憲法21条1項が留保なく「集会、結社及び言論、出版その他一切の表現の自由」を保障する根拠に立ち戻る必要がある。表現の自由が憲法上保障されるべき理論的根拠（原理論）には複数のものが存在するが、[*2]特に重要なのが、日本国憲法も想定する民主政にとって（政治的）表現の自由の十分な保障が不可欠であるというものである。最高裁判所も、「主権が国民に属する民主制国家は、その構成員である国民がおよそ一切の主義主張等を表明するとともにこれらの情報を相互に受領することができ、その中から自由な意思をもつて自己が正当と信ずるものを採用することにより多数意見が形成され、かかる過程を通じて国政が決定されることをその存立の基礎としているのであるから、表現の自由、とりわけ、公共的事項に関する表現の自由は、特に重要な憲法上の権利として尊重されなければならないものであり、憲法21条1項の規定は、その核心においてかかる趣旨を含む」（北方ジャーナル事件・最大判１９８６（昭和61）・６・11民集40巻4号８７２頁）としている。表現制約には違憲の推定がはたらき、制約を正当化する責任は規制側に課せられ、裁判所も制約の合憲性を厳格に判断すべきとされる（二重の基準論・表現の自由の優越的地位）のも、表現の自由と民主政との密接な結びつきに由来する。

こうした理解からすれば、政治的表現の自由の制約は、民主政自体の正統性に大きな疑義を生じさせるものであり、制約を正面から掲げることは本来ためらわれるはずである。にもかかわらず、なぜ改憲案はこの種の制約条項を盛り込んでいるのだろうか。本章では、「萎縮」をキーワードにしつつ、現在の日本社会における政治的表現の自由をめぐる状況を確認し、そのうえでなぜ表現の自由の制約が改憲のテーマとされるのか、そして改憲したらどうなるのか、を考えてみたい。

２　政治的表現の自由をめぐる現況――活性化と萎縮

政治的表現としての集会・デモの活性化

近時の政治的表現の自由をめぐる状況として逸することができないのは、原発再稼働、特定秘密保護法、安保法制、共謀罪（テロ等準備罪）などへの反対運動がかつてなかったほどの広がりで取り組まれ、政治的表現としての集会・デモも活性化していることである。こうした活性化は、「アラブの春」、アメリカのオキュパイ運動、台湾・ひまわり学生運動、香港・雨傘革命など、世界的にも既存の政治・経済に対する抗議形態としての集会・デモが高揚していることとも連動しており、各国に共通する議会制・代表民主制の機能不全的状況を受けたものでもある。理論的にも、議会を中心とする制度的民主主義と非制度的領域におけるいわゆるカウンター・デモクラシーとの連関への関心が高まっている。[*3]

＊１　塚田哲之「精神的自由権」民主主義科学者協会法律部会編『改憲を問う（法律時報増刊）』（日本評論社、２０１４年）参照。

＊２　代表的な研究として、奥平康弘『なぜ「表現の自由」か』（東京大学出版会、１９８８年）。後に扱う具体例も含め、阪口正二郎ほか編『なぜ表現の自由か』（法律文化社、２０１７年）も参照。

政治的表現の自由に立ちふさがる困難——萎縮の諸相

一方、こうした活性化に逆行するかのような政治的表現の実質的抑圧が疑われる例も多い。そこでの一つの特徴は、政治的表現活動（とりわけ時の政権に批判的なもの）が実際に行われるより前の時点から（ときには表現活動が行われるかも定かではない段階から）、各種の手法を用いて表現活動を阻もうとする動きである。これを表現主体の側から見れば、こうした手法によって、自らが行おうとする表現を控えるという効果、すなわち萎縮効果（chilling effect）が生じていないかが問われるべきことになる。具体例を見ていこう。

インターネットが普及した現在でもなお、知る権利を実質的に保障するために重要な役割を果たすテレビ、ラジオなど放送メディアについては、放送局開設の免許制（電波法4条）や、番組編集に際し、放送番組編集の自由（放送法3条）を前提としつつ、政治的に公平であることなどの番組編集準則（同法4条1項各号）に従うべきとされるなど各種の規制がある。従来、こうした番組内容にも及ぶ規制は倫理的意味をもつにとどまり、公権力による法的規制には直結しないと理解されてきた。しかし、２０１６年2月に高市早苗総務大臣は、政治的に公平でない放送を繰り返した場合には電波停止（電波法76条1項）を命じる可能性があると発言して波紋を呼んだ。また、安倍晋三首相は、２０１４年11月に出演した報道番組での発言について「その場に出ていて、国民の皆様の前で、私はこう考えますと述べている。それを圧力と考える人なんか、私は世の中にいないと思いますよ。……番組の人たちはそれぐらいで萎縮してしまう、そんな人たちなんですか。情けないですね、それは。極めて情けない」（２０１５・３・12衆議院予算委員会）と言い放った（安倍首相の番組出演の2日後には自民党が在京6局に選挙報道の「公平中立」を要請している)。自らのもつ権力が番組制作者に与え得る影響力にまったく無自覚なこの姿勢は、主観的意図いかんにかかわらず、恫喝と忖度を通して絶大な萎縮効果をもったというべきだろう。[*4] さらに、2014年1月には籾井勝人NHK会長が就任会見で「政府が右と言うものを左と言うわけにはいかない」と発言して物議を醸したし、2016年春には政権に批判的と目された報道番組キャスターが相次いで番組を降板している。これらに垣間見える権力者からの圧力の疑いや放送局側の忖度は、番組制作現場を萎縮させ、政権が推進する政策を批判的に検証する番組を制作しにくくさせてはいないだろうか。「意見及び表現の自由」の調査を担当するデヴィッド・ケイ国連特別報告者は、これらが日本のメディアに高いレベルの自己検閲を生み出しているとして、メディアの独立性と国民の知る権利促進のための対策を緊急に講じるよう日本政府に要請した(2016年4月)が、2017年の流行語大賞にも選ばれた「忖度」は、報道の萎縮をもたらしている。

先に見たように近時政治的表現としての集会・デモが活性化しているが、集会やデモのためには、多数人が集まることのできる公民館・会議室等の屋内施設や公園・道路など屋外の空間が必要であり、

＊3　ピエール・ロザンヴァロン(嶋崎正樹訳)『カウンター・デモクラシー』(岩波書店、2017年)、憲法学において制度的民主主義と非制度的民主主義との「複合型モデル」を提示する本秀紀「民主主義の現在的危機と憲法学の課題」同編『グローバル化時代における民主主義の変容と憲法学』(日本評論社、2016年)参照。
＊4　蟻川恒正「最高権力者の表現の自由」同『尊厳と身分』(岩波書店、2016年)参照。

それらには公権力が管理するものだけでなく駅前広場やショッピング・モールなど私有財産も含まれる。特に公園・道路など公衆の利用に開かれ、不特定多数の者が行き交う空間（公共空間）は、表現主体が広く自らの見解を伝えるだけでなく、偶然通りがかった市民がその見解に触れ、それをきっかけとする討議の展開につながる可能性があることからも、政治的表現の場として重要な意義をもつ。それゆえ、公共空間の管理のありようが政治的表現に与える影響は大きいし、公共空間が利用できなければ表現活動自体を諦めることにもなりかねず、ここでも萎縮が問題となる。憲法学においては、表現活動に開かれた公園や道路、市民会館のような政府財産をパブリック・フォーラムという概念で把握し、その管理権行使が表現活動の不当な制約をもたらさないよう憲法上の統制に服すべきとするパブリック・フォーラム論が広く受け入れられている。最高裁も、泉佐野市民会館事件（最判１９９５（平成7）・3・7民集49巻3号６８７頁）において集会のための市民会館の使用不許可が認められる場合を相当限定しているし、私鉄駅構内でのビラ配布の処罰が問題となった吉祥寺駅事件（最判１９８４（昭和59）・12・18刑集38巻12号３０２６頁）の伊藤正己裁判官補足意見は、パブリック・フォーラムとしての性質をもつ私有地につき、所有権や管理権に基づく制約を受けざるを得ないとしても、表現の自由保障に可能な限り配慮する必要があるとしていた。では、実態はどうだろうか。

大阪府松原市では、「松原民商・松原市民まつり」開催のため市が設置・管理する公園の使用許可を申請したところ、使用許可には市の協賛・後援を受けたもので「政治的又は宗教的活動を行うこと」に該当しないことを要するとする審査基準等に照らし、市の後援等名義が不承認とされ、公園使用も不許可とされた。裁判所は、使用許可に後援等を要する仕組みは「集会の目的や集会を主催する団体の性格そのものを理由として、使用を許可せず、あるいは不当に差別的に取り扱うこととなる危険性をはらむ余地があり、その運用次第では、問題がある」としつつ、不許可処分を違法とした（大阪高判２０１７（平成29）・７・14ＬＥＸ／ＤＢ文献番号25546145）。ここでは、特定の集会についての使用不許可処分だけでなく、パブリック・フォーラムの典型とされる公園から政治的集会を排除する仕組みについても合憲性が問題となる。この種の仕組みは松原市に限らず各地の自治体に見られるが、政治的表現のために利用できる公共空間を著しく限定し、政治的表現の機会も収縮させかねない。金沢市庁舎前広場事件では、陸上自衛隊の市中パレードに反対する趣旨の集会開催のため市庁舎前広場の使用申請をしたところ、広場管理要綱にいう「政治的な行為」に該当するなどとして不許可とされ、国家賠償請求も棄却されている（名古屋高金沢支判２０１７（平成29）・１・25判時２３３６号49頁）。

一方、東京都公安条例により集会、集団行動、集団示威運動には許可が必要とされるなど、国会周辺での集会・デモは各種の法的規制に服しており、最高裁も悪名高い「集団暴徒化論」によってこうした規制を合憲としていた（東京都公安条例事件・最大判１９６０（昭和35）・７・20刑集14巻９号１２４３頁）。原発再稼働反対運動以降、国会周辺では集会・デモが活発に行われ、ときに数万人規模に及んでいるが、そこでは歩道上で通路を確保しながら表現活動が行われる限りは許可を必要としないという取扱いとなっているようである。こうした取扱いは、運動の展開のなかで運動側と取り締まり側との交渉を通じて獲得されたものであるが、取り締まり側の「お目こぼし」の結果、規制が手控えられているにとどまり、規制発動の可能性とそれによる萎縮の危険はなお残る。

また、ＪＲ大阪駅事件では、ＪＲ西日本の所有地である大阪駅の広場付近で街宣行動を終えた参加者が拡声器やプラカードなどを持って駅コンコースを通過する際に制止した駅員への抗議などが威力業務妨害罪（刑法234条）に問われたが、構成要件に該当しないとして無罪が確定した（大阪高判2015（平成27）・9・28ＬＥＸ／ＤＢ文献番号25542788）。ここでも潜在的には駅敷地の管理権に基づく表現活動の制約の可否（鉄道営業法35条・42条参照）が問題となっていた。

さらにまた、「政治的主張」とみなされた文書類が公民館等の施設への掲出を拒否されたり、「政治的主張」を含む行事への自治体の後援が拒否・撤回されるなどの事例も多い。こうした措置の根拠として、しばしば「政治的主張が含まれる」「政治的中立が害される」という決まり文句が持ち出されるが、「どんな意見も少しずつ『偏っている』のが当たり前」である以上、「偏っている」こと自体は排除の理由たり得ないし、この種の事例では、政権・政策批判を含む内容のゆえに「政治的」とされ、掲出や後援が拒否されたとの疑いも濃厚である。[*5] ２０１４年の政府解釈変更による集団的自衛権行使容認に反対するデモを詠んだ「梅雨空に『九条守れ』の 女性デモ」という句が市立公民館発行の「公民館だより」への掲載を拒否された事件で、裁判所は作者の表現の自由侵害は認めなかったものの、公民館職員には一種の「憲法アレルギー」があったと推認され、それが作者の思想や信条を理由とした掲載拒否につながったとして、損害賠償を認めた（さいたま地判２０１７（平成29）・10・13ＬＥＸ／ＤＢ文献番号25547455）。ここでは政治的テーマを扱うことについての職員の萎縮、あるいは政権への忖度とも理解し得る反応が表現制約につながっている。また、掲載拒否のような措置のきっかけが、私人からの告発や苦情にあることも多い。この文脈で、私企業の事例だが、ニコンサロンで開催予定の従軍慰安婦をテーマとした写真展が、ネット上での抗議に接したニコンによって突然中止とされた事件もあげておこう。写真展は、会場使用を認める仮処分決定により予定通り実施され、その後、中止によって生じた損害の賠償を命じる判決が確定したが（東京地判２０１５（平成27）・12・25ＬＥＸ／ＤＢ文献番号25532293）、開催に際してもニコン側の非協力的態度が顕著であったという。[*6]

３　なぜ萎縮効果に配慮しなければならないのか——異論の困難

このように、訴訟を通して表現制約の違法性が認められた例もあるとはいえ、萎縮の疑いを含む政治的表現活動の実質的抑止が広く見られる現状をふまえつつ、なぜ政治的表現の自由への萎縮効果に格別の警戒が必要となるのかを確認しよう。表現の自由保障にとって萎縮効果論のもつ重要性をあらためて提起した毛利透は、「無力な言論が一発で世界を変えることなどありえない」「街頭でデモをしても世の中変わるはずがない」にもかかわらず、なぜ「無意味な行為」「無駄な行為」とも思われる個々の表現活動を保障することが民主政の維持にとって必須なのかを、公共圏における自由な討議から生まれる公論が公権力の意思形成につながる経路を想定することから弁証し、それゆえに表現を行おうとする者にとっての参入障壁をできるだけ低くすべきことが要請されるとして、萎縮効果論を理

＊５　斎藤美奈子『学校が教えないほんとうの政治の話』（ちくまプリマー新書、２０１６年）19頁。

＊６　安世鴻ほか編『誰が〈表現の自由〉を殺すのか　ニコンサロン「慰安婦」写真展中止事件裁判の記録』（御茶の水書房、２０１７年）参照。

論的に根拠づける。[*7] また、阪口正二郎は、異論（dissent）を反対、少数者の見解、既存の見解への批判という複数の意味をもつものととらえたうえで、特に後の2つに力点を置いて、権力の自己保存本能、社会の不寛容、そしてとりわけ日本においては意見でなく空気というコンフォーミズムが支配する社会状況から異論の抑圧が生じ、ひるがえって異論をもち、それを表現すること、なかでも自らの姿を他者にさらす集会やデモには格別の「勇気」が必要となることを指摘している。[*8]

こうした把握からすれば、政権やそれが強力に推進する政策を批判する類の異論を提示しようとする者に対して、さまざまな困難が立ちふさがるのは当然かもしれない。しかし、「議論による世論形成」への信頼に基づく民主政の下では、「ほとんどの表現は見向きもされないが、どの表現も多くの人々を動かす万に一つの可能性をもつ」[*9] 以上、異論の当否・説得力を判断し得る一人一人の受け手が異論に接する可能性が最大限確保されなければならず、したがって表現の自由が強く保障されなければならない。それゆえに、表現活動の場の管理を含めた表現活動の抑制につながる措置の許容性は厳格に判断されなければならないし、受け手による判断材料を提供すべきメディアを萎縮させない配慮が求められることにもなる。しかも異論を許容することは「国家が公共性を標榜しうる条件」[*10] であって、萎縮がもたらす異論提示の困難は、国家が担うべき公共性の基礎を掘り崩すことにもなる。「政治的中立」を盾にした異論の排除は、民主政と公共性の貧困を招きかねない。

一方、異論を疎ましく思う権力者の側からすれば、異論の表明後に法的規制を発動するよりも、異論の持ち主が萎縮して異論表明を諦めてくれればもっとも都合がよい。そこから、表現主体を萎縮させるための権力者による各種はたらきかけが生じることになるし、法的規制手段については、実際に発動する可能性を残しつつ（高市停波発言参照）、その可能性をちらつかせることで表現主体が萎縮するようはたらきかけるものとしての意味をもつ。だからこそ、異論を疎ましく思う側は、すでに有する法的規制手段を手放さないし、さらにその拡大を求めることにもなる。この関連で注意しておくべきは、訴訟でも一部の違法性が認められたムスリム監視事件（東京高判２０１５（平成27）・４・14ＬＥＸ／ＤＢ文献番号25506287）、自衛隊情報保全隊事件（仙台高判２０１６（平成28）・２・２判時２２９３号18頁）のほか、警察による継続的な個人情報の収集・管理と民間企業への提供が問題となった大垣警察市民監視事件、さらに参議院選挙時に野党候補の支援団体が入居する建物への人の出入りを隠しカメラで撮影していた別府警察監視カメラ事件など、すでに日本でも遍在している監視である。こうした監視については、公権力による個人情報の収集・管理・利用が引き起こすプライバシー権の侵害（第Ⅱ部第３章・山本論文参照）だけでなく、監視による政治活動の萎縮、さらには監視されているという意識がもたらす異論をもつこと自体の抑止（同調効果conforming effect）[*11]を含め、政治参加を支え

＊7　毛利透『表現の自由』（岩波書店、２００８年）の特に第一章・第二章（引用は44頁とv頁）。同「表現の自由と民主政」阪口ほか編・前掲＊2も参照。

＊8　阪口正二郎「異論の窮境と異論の公共性」同責任編集『自由への問い3　公共性』（岩波書店、２０１０年）、同「『隔離』される集会、デモ行進と試される表現の自由」法律時報88巻9号（２０１６年）１０６－１０７頁。

＊9　毛利透「表現の自由①」判例時報２３４４号臨時増刊『法曹実務にとっての近代立憲主義』（判例時報社、２０１７年）16頁、23頁注20。

＊10　阪口・前掲＊8「異論の窮境と異論の公共性」40頁。

る包括的・基底的な「政治的権利」が損なわれていないかという観点からの検証が求められよう。[*12]

そして、もともとアメリカ憲法判例で萎縮効果論が展開されたのも、１９５０年代のマッカーシズムの余波がなお濃厚に残るなか、社会的圧力が政治的少数派の自由に与える否定的影響を適切に考慮するためであった。こうした出自からすれば、政治的少数派に対する私人・社会的勢力の反応を含む時代状況・社会環境の理解いかんが、萎縮効果の認定に大きく影響を与えることになる。すでに触れた例のほかにも、「放送法遵守を求める視聴者の会」（政権批判的な報道を名指しした「放送法4条の遵守を求める意見広告」を出すなどの活動を行っている）の活動、あるいはＳＮＳ等インターネットを利用して容易かつ気楽に行われる発言など私人の活動が、権力者側の動きとも呼応しつつ表現主体を萎縮させるものでないか（自己の主張と相容れない報道が「フェイク・ニュース」呼ばわりされることもある）も慎重な検討を要するだろう。[*13]

さてそこで、見てきたような日本社会の現況は、はたして安倍首相が言い放ったように、萎縮を恐れることなく、異論を含む政治的表現の自由が十分保障されているといえるものだろうか。そして、異論の持ち主が現に萎縮ないし息苦しさを感じる状況があるとすれば、それは民主政を可能とする開かれた討議とひいては民主政自体の貧困を招いてはいないだろうか。これらの問いに全面的に肯定で答えることができないとすれば、萎縮効果への十分な配慮と萎縮をもたらし得る各種の措置を取り除くことこそが求められているのではなかろうか。

4　明文改憲による表現の自由制約条項導入がもたらすもの

以上をふまえて、ではなぜ現在の明文改憲提案に表現の自由制約条項が盛り込まれているのかを考えてみよう。その際重要なのは、異論を排除しようとする権力者一般がもつ志向に加えて、ほかならぬ現代日本の改憲動向のなかで表現の自由制約が登場している意味を考えることである。

周知のように現代改憲の本丸は９条改変であるが、その目的は、安保法制の成立によって事実上全世界規模での軍事行動が可能とされたにもかかわらず、なお残る「憲法上の制約」を突破することにある（第Ⅱ部第１章・青井論文）。ただ、現実に自衛隊が海外で戦闘作戦行動を行うためには、それを支える国内体制構築は避けられない。政治的表現の自由との関連では、すでに成立している特定秘密保護法や共謀罪とも相まって、こうした軍事行動を批判する表現活動を硬軟両様の手法を用いつつ抑制することが重要な課題となる。こうした志向の一端は、南スーダンＰＫＯに派遣された陸上自衛隊の日報隠蔽と稲田朋美防衛大臣による「事実行為としては武器を使って人を殺傷したり物を壊す行為

＊11　毛利透「萎縮効果論と公権力による監視」法学セミナー742号（２０１６年）60頁。
＊12　「〈特集〉市民の政治的表現の自由とプライバシー」法学セミナー742号（２０１６年）、塚田哲之「市民の表現活動を阻むもの」同号35－36頁参照。
＊13　毛利・前掲＊8「表現の自由と民主政」42－45頁参照。

はあったが、……法的意味における戦闘行為ではな」く、「憲法9条上の問題となる言葉を使うべきではないということから……武力衝突という言葉を使っている」（2017・2・8衆議院予算委員会）との「ポスト真実」「オルタナティヴ・ファクト」的発言にもすでに表れているが、こうした権力者側からの「印象操作」と萎縮とは、車の両輪のごとく軍事行動に対する批判を抑え込むものとして機能するだろう。

そして、そのように異論を抑え込むためには、留保なく表現の自由を保障する現行日本国憲法の21条のままではやはり具合が悪い。改憲によって表現の自由制約の根拠条項が設けられれば、制約（すでに存在する制約手段も含め）に憲法上の根拠が与えられ、制約する側にとってのハードルが低くなるばかりか、制約を受ける表現主体の側が自らの表現活動は「公益及び公の秩序」（自民案21条2項）を害するものでないことを示す必要も出てこよう。さらに、こうした負担が表現主体の側に課せられることになれば、すでに見られる萎縮がさらに広がり、表明される主張も異論というよりは無害なものに限定されてしまうだろう。こうした予測は、異論の現出を極力抑制し、もっぱら選挙を通した権力の正統化という次元でのみ民主政をとらえる現政権の志向に照らしても、かなりのリアリティをもっていないだろうか。それはまた、集会やデモなどのカウンター・デモクラシーが制度的民主主義と連動することで民主政の活性化につながる可能性を（なお萌芽にとどまるものの）見せている現在の動向とは逆の方向を示してもいるだろう。ことは民主政のあるべき姿に関わる。改憲がもたらす影響を「よく考える」ことが求められるゆえんである。

第３章　プライバシー

山本　龍彦

１　はじめに

憲法改正論議において、しばしばプライバシー権などの「新しい人権」を憲法典に書き込むべきという主張が展開される。[*1] 情報通信技術の目ざましい発達による権利利益の侵害が深刻化していること、確かに憲法13条の創造的解釈からプライバシー権は引き出され、我が最高裁も基本的にその方向性を肯定しているものの、憲法典のなかにその名を書き込んだ方がその保障は盤石なものとなり得ることなどが、かような主張の背景にあろう。憲法学的には、人権〝プラス〟な憲法改正に特に異議を差し

＊1　こうした主張を憲法学の観点から批判的に検討したものとして、小山剛「新しい人権」ジュリスト１２８９号（２００５年）95頁以下参照。

挟む必要はないように思われるが、他の改正の呼び水として「ただ書いてみた」では、実際上の何の意味ももたないどころか、有害ですらある。したがって、まずはプライバシー権が置かれている現在的状況を正確に理解し、わざわざ憲法典に書き込む必要性や意義を真剣に考察しておく必要があろう。本稿の目的は、プライバシー権を取り巻く現在的状況に光を当てることで、今後の日本社会においてあるべきプライバシー権論の方向性を照らし、健全な憲法改正論議の材料を提供することにある。

2　プライバシー権を取り巻く現在的状況——ＡＩと人間

プライバシー権の捉え方は、情報通信技術の発展によって大きく変化する。それは、解決すべき具体的問題が変化するからである。*2 本稿の主眼は、プライバシー権を理論的に定義することではなく、かかる権利の捉え方を変化させる「文脈」を明るみに出すことにある。

この「文脈」として、まずは、人工知能（Artificial Intelligence, AI）を中心とした高度情報ネットワーク社会への移行を挙げることができる。たとえば、イタリアの哲学者であるフロリディ（Luciano Floridi）は、この移行は我々人間と世界との関係を根本的に変える革命的契機を含むという。「歴史」を、世界における人間の中心性が失われていく過程《プロセス》として描くフロリディは、いま我々人間は、インフォスフィア（情報圏 *infosphere*）のなかに情報有機体（*inforgs*）として埋め込まれ、同じインフォスフィアの住人たるＡＩらと混じり合う「第４の革命」が進行中であると診断している。フロリディによれば、太陽を中心としたコペルニクスの宇宙論が、宇宙における人間の中心を失わせ、我々の自己理解に関する「第１の革命」を、ダーウィンの進化論が、生物界における人間の中心性を失わせ、「第２の革命」を、フロイトの無意識論が、意識世界における人間の中心性――「我思う、故に我あり」――を失わせ、「第３の革命」を起こした。そしていま、チューリングのコンピュータ科学が、インフォスフィアにおける人間の中心性を失わせ、「第４の革命」を起こしつつあるというわけである。[*3] 筆者はこの歴史観を正しく評価する能力をもたないが、誰もがスマートフォンをもち、いずれはＩＣチップが身体と同一化するような時代にあって、我々人間が常に情報ネットワークシステムと繋がって、ＡＩとともにインフォスフィアの一部を構成する情報有機体として存在していることは確からしく思える。かように、我々人間が情報ネットワークシステムに繋がっていることが常態、、、ないし自然、、、（ある種のベースライン）となった状況は、プライバシー権論の将来的方向性を考える際にも決して無視できない事情のように思われる。

さらに、ＡＩが、我々人間が行ってきた意思決定（decision-making）の多くを代行するようになるという文脈・状況も重要である。たとえば、すでにいくつかの自治体では、市民への窓口対応のみならず、政策立案にもＡＩを関与させる実験を始めている。[*4] また民間部門では、ＡＩに就職希望者の職

＊2　プライバシー権論の変遷については、山本龍彦『プライバシーの権利を考える』（信山社、２０１７年）３頁以下参照。
＊3　ルチアーノ・フロリディ（春木良且＝犬束敦史監訳）『第４の革命』（新曜社、２０１７年）１３０頁参照。
＊4　たとえば、新潟県見附市の例（ＡＩによる健康政策立案）として、*see* http://www.city.mitsuke.niigata.jp/item/19273.htm.

務遂行能力を評価させ、この評価を採用の合否判定に利用する企業、ＡＩに融資希望者の信用力を評価させ、融資判断に利用する金融機関が現れている。[*5] アメリカの一部の州では、刑事裁判における裁判官の量刑判断の場面で、被告人の再犯リスクに関するＡＩの評価がすでに利用されている。[*6] 今後は、保険の領域（InsTech）でも、生活習慣等に関する膨大な個人情報（遺伝情報を含む）から、個々の顧客の健康リスクをＡＩに予測させ、個別的な保険料算定等が行われるようになると指摘される。[*7] かように、我々の社会や特定個人に関する重要な「意思決定」の多くがＡＩによって代行される（あるいは、少なくともＡＩの関与を経て行われる）ようになるという「状況」にも細心の注意が必要である。

3　プライバシー権論へのインパクト

データ・サイクル

では、我々を取り巻くこうした「状況」ないし「文脈」の変化が、プライバシー権論の将来的方向性にどのような影響を与えるのだろうか。この点でまず認識すべきなのは、かかる状況においては、常に「ライブ状態」にある上述のような情報ネットワークシステム上で、データのフローとストックが絶え間なく繰り返されるということである。

ＡＩ社会では、

①大量のデータが収集され、プールされること（＝ビッグデータの収集と集積）、

②それがＡＩによって解析され、我々人間が気付かなかったような事物の相関関係や行動パターンが抽出されること（＝解析）、
③かかる相関関係やパターンが特定のデータベースに適用され、データベースに登録された個人の趣味嗜好、健康状態、心理状態、性格、能力、信用力などが予測されること（＝プロファイリング[*8]）、
④この予測結果が特定の目的（企業の採用活動や裁判所の量刑判断など）のために利用されること（＝利用）、
⑤予測結果の妥当性検証のために、データベース登録者の行動が事後的に追跡されること（＝追跡）、

＊5　具体例については、山本龍彦『おそろしいビッグデータ――超類型化ＡＩ社会のリスク』（朝日新聞出版、２０１７年）66頁以下参照。
＊6　その合憲性がすでに裁判でも争われている。たとえば、緑大輔「判批」判例時報２３４３号（２０１７年）１２８頁以下、山本龍彦＝尾崎愛実「アルゴリズムと公正――State v. Loomis 判決を素材に」社会技術社会論研究14号（近日刊行予定）参照。
＊7　「保険（Insurance）」と「テクノロジー（Technology）」を組み合わせた「インステック（InsTech）」については、*see* https://d-marketing.yahoo.co.jp/entry/20170418458454.html
＊8　ＥＵの一般データ保護規則（General Data Protection Regulation, GDPR）による「プロファイリング」の定義や、法規制の具体的内容については、山本・前掲＊2・２５７頁以下参照。さらにその憲法問題については、山本龍彦「ＡＩと『個人の尊重』」福田雅樹＝林秀弥＝成原慧『ＡＩがつなげる社会――ＡＩネットワーク時代の法・政策』（弘文堂、２０１７年）３２０頁以下参照。

①この登録者の行動記録も含め、大量のデータが収集され、プールされること……

というデータのサイクル（循環）が何より重要となる。

そして、もう1つ我々が確実に認識しておくべきなのは、ＡＩの「賢さ」とデータ量とが完全な比例関係に立つということである。ＡＩの予測精度を上げ、より賢明な「意思決定」をさせるには、上記サイクルを淀みなく循環させ、より多くのデータを収集することが肝要となる。逆に上記サイクルが妨げられ、プールされるデータ量が減少すれば、ＡＩの予測精度は落ち、ＡＩの「意思決定」に歪みが生ずることになる。このように考えると、今後到来が予定されるＡＩ社会とは、論理必然的に、より多くのデータを必要とする〝more data〟社会であり、我々が上記サイクルの一部として、すなわちＡＩへのデータ供給源として情報ネットワークシステムと常時接続していること――フロリディ風にいえばシステムに埋め込まれていること――が要求される社会だ、と考えることができよう。

More Data 社会とプライバシー権との根本的矛盾?

仮にプライバシー権のある側面を強調した場合、たとえば、「繋がり」（ネットワーク）から離脱して一人引き籠るという側面（let me be alone）[*9]や、情報の性質（個人特定のリスクなど）にかかわらず情報収集に〈対抗する〉という側面を強調した場合、それは、このＡＩ社会と根本的に矛盾するものとなり得る。

「プライバシー権」は、それが行使されることによって、先述のデータ・サイクルを切断し、ＡＩ

に供給できるデータ量を減少させることになるからである。時にそれはＡＩにとって致命的な「兵糧攻め」となり、その「意思決定」を曇らせるＡＩ社会の「究極の敵役《かたきやく》」ともみなされよう。勿論この権利を、社会全体の利益に反してでも保障さるべき「切り札としての人権[*10]」とみなせば、憲法学としては「だからどうした？（So what?）」といえるかもしれない。この権利は、たとえデータ・サイクルを阻害して、到来の予期されるＡＩ社会を転覆させようとも、気にせず行使されねばならないと考えられるからである。

しかし、事はそう単純ではない。たとえば、この「切り札」ですら個人によって放棄可能なものであるとすると、「離脱」（およびそれによるデータの減少）に怯えるシステム（ないしＡＩ）の側は、個人がその行使を放棄するための強力なインセンティヴを作出し（ポイントカードによる料金の割引制度など）、結果としてその「切り札」性を無意味化しようと試みる可能性がある。また、「離脱」やオプトアウトの手続が実際には非常に複雑な場合が多く、理論上「切り札」を切れたとしても、結局、その茫洋たるネットワークを目前として只々立ち尽くすだけ、ということがあるかもしれない。接続維持を事実上強制するために、シス

＊9　Samuel D. Warren & Louis D. Brandeis, *The Right to Privacy*, 4 Harv. L. Rev. 193（1890）. プライバシーの権利を、情報管理システムとの接続という観点から考察するものに、蟻川恒正「プライヴァシーと思想の自由」樋口陽一ほか編『新版　憲法判例を読みなおす』（日本評論社、２０１１年）78頁参照。

＊10　たとえば、長谷部恭男『憲法〔第７版〕』（新世社、２０１８年）１１１－１１４頁参照。

テムの側がわざと「離脱」手続を複雑化するということも考えられる（作為的複雑性。本稿の読者は、どれだけ個人情報の第三者提供のオプトアウト手続を「知っている」だろうか）。

憲法学としてさらに厄介なのは、個人がそのインセンティヴに誘惑されず、勇気をもって「切り札」を行使した場合に、かえって個人の自律的な生き方が脅かされる可能性が出てくるということである。この点で、ブラントンとニッセンバウム（Finn Brunton & Helen Nissenbaum）の「当惑化（obfuscation）」による革命論[*11]は批判的に吟味すべき対象となる。ブラントンとニッセンバウムは、上述のようなデータ・サイクルが構造化された社会――我々が情報ネットワークシステムに埋め込まれた社会――のなかでプライバシーを取り戻すには、個々人が「ゲリラ戦（guerrilla war）」[*12]を展開するほかないという。それは、あえて出鱈目な検索を行うなど、「曖昧な情報、混乱を引き起こす情報、ミスリーディングな情報をわざと挿入する」こと、すなわち、システム側を攪乱し、当惑させることによって、自らのアイデンティティを捏造し、「監視とデータ収集を阻害する」という戦略である。[*13]この「当惑化」の最も有名な例は、アメリカのトランプ大統領（当時は大統領候補）がイスラム教徒登録制度（Muslim Registry）の創設を述べた際に、同制度への抵抗運動として、イスラム教徒でない人々がネット上で「イスラム教徒」を偽り、当局を混乱させようとしたことだろう。[*14]この例からもわかるように、「当惑化」戦略は、個人を「客体化」するネットワークシステムへの抵抗運動（protest）として重要な意味をもつ場合があるが、リチャーズとハーツォグ（Neil Richards & Woodrow Hartzog）が指摘するように、深刻なデータ・プールの汚染（「ある種の公害（pollution）」）を招く。[*15]上記データ・サイクル（①）の収集情報に「ノイズ」が混入することによって生じるデータ・プールの汚染は、サイクル（②）の「解析」にエラーをもたらし、このエラーはサイクル（③）の「プロファイリング」の精度を低下させる。さらにこのことは、結果的に、サイクル（④）のＡＩの「意思決定」を歪ませ、ノイズの混入を試みた個人に「ツケ」として返ってくることになるのである。要するに、自らが捏造した「嘘の自己像」によって自らの能力や信用力が査定され、人生にとって重要な決定が下されることになるわけである。以上のことは、このネットワーク社会においては、「ゲリラ戦」を展開したコストが、その「戦闘員」個人に降りかかってくる可能性があるということを示している。

実は、同様のことは、個人が「切り札」を行使してネットワークシステムと〈対決〉し、そこからの離脱を図ることによっても生じる。たとえば、プライバシー権に高い関心を有していたコミュニティの構成員が、かかる権利を行使して、ある情報ネットワークシステムから離脱したとする。[*16] そうすると、このコミュニティからのデータが適切に収集されず、サイクル（①）のデータ・プールに「偏

＊11　Finn Brunton And Helen Nissenbaum, Obfuscation: A User's Guide for Privacy and Protest 1 (2015). ブラントンとニッセンバウムは、「我々は、この本で革命を開始するつもりである」と述べる。*Id.*

＊12　ブラントンとニッセンバウムの戦略を称して、Neil Richards & Woodrow Hartzog, *Privacy's Trust Gap*, 126 Yale L. J. 1180, 1187 (2017).

＊13　*Id.* at 1.

＊14　Heather Dockray, *There's already a brilliant plan to screw up Trump's Muslim registry*, MASHABLE (Nov. 18, 2016), at http://mashable.com/2016/11/17/ways-to-fight-muslim-registry/#jj9NsNsY35q9; *see also* Richards & Hartzog, *supra* note 12, at 1196.

＊15　*Id.* at 1186, 1207.

り」が生じることになる。ＡＩの「意思決定」の基礎となるデータ・プールに、当該コミュニィの情報が過少に代表（underrepresented）されることになるのである（データ的〈現《レプリゼンテーション》れ〉の過少）[*17]。それによって、当該コミュニティに不利な政策決定がなされたり、時にこのコミュニティに属する個人に――雇用や保険等の場面で――不利な評価がなされたりすることもあるだろう。おそらく、あらゆるシステムから独立したアーミッシュ的集団は、データ・プールに〈現れない〉ために、ＡＩの世界では〈存在しないもの〉とみなされることになる。現実にも次のような事例が存在している。アメリカのボストン市は、市民からＧＰＳ位置情報を収集し、集積したデータ・プールから、市内で道路等の補修が必要なエリアをＡＩに予測させることにしたが、この予測結果に基づくと、補修が必要なエリアが高所得者の居住エリアに過度に集中してしまうことがわかったという。その理由は、そもそも低所得者はスマートフォン等を所持していないことが多く、低所得者コミュニティからの情報がデータ・プールに過少に代表されていたことにあった[*18]。このことは、データを提供しないことがデータ・プールにおける〈過少な現れ〉を生み、結果として自らに不利な結果を与えることを示唆している。また、個人レベルでシステムと〈対決〉する場合にも、それによりサイクル（③）のデータベースに十分な情報が提供されなくなるため、システムに対し友好的で沢山の自己情報を提供した者よりも――ＡＩによる評価項目が限定されるために――低い評価（偏りのある不公正で不正確な評価）を受ける可能性がある。つまり、プライバシー権をシステム対抗的に（誠実に）行使した者が馬鹿を見ることになるのである。

4　システム内在的プライバシー権へ？

以上のように見ると、システム対抗的（外在的）なプライバシー権論――システムの外部から「ゲリラ戦」を展開するといった方向性――は、「より多くのデータを必要とする」ＡＩ社会の正統性源泉を動揺させるだけでなく（正統性源泉が脅かされることにより、システムの側も「プライバシー権」に対抗的・攻撃的となり、不当な闇収集等が起こるリスクも高まる）、権利主体個人の自律的な生き方をも脅かすことになるように思われる。我々はコミュニティ（関係性）から完全に離れて自律的に生きることができないのと同様、[*19]高度情報ネットワーク社会では、ネットワークシステム（新たな関係性）から完全に離れて自律的に生きることはできず、「離脱」によってかえってその自律的な生き方が奪

＊16　福島県矢祭町が住基ネットから「離脱」した問題につき、新井誠「地域が提案する新たな地方自治のあり方――国に『抗い』発信する矢祭町の場合」法学セミナー53巻10号（２００８年）48頁以下参照。さらに、宍戸常寿「政治過程としての杉並区住基ネット訴訟」法律時報89巻6号（２０１７年）27頁以下参照。

＊17　データ・プールの「過少代表」に関わる問題については、山本・前掲＊8・３２６頁参照。

＊18　*See* FTC Report, Big Data: A Tool for Inclusion or Exclusion? 27 (January 2016).

＊19　たとえば、特定の自己情報を誰に開示するかを自ら主体的に選択できるという意味での「自己情報コントロール権」（佐藤幸治）は、関係からの「孤立」（離脱）ではなく、関係の「構築」に重点が置かれていた。佐藤幸治『現代国家と人権』（有斐閣、２００８年）２５９頁以下参照。この点については、山本・前掲＊2・５頁参照。

われる可能性があるということである。そうすると、今後のＡＩ社会において重要になるのは、情報ネットワークシステムとの接続を前提としたプライバシー権、すなわち、システム内在的なプライバシー権論の構築ではないかと思われる。それは、たとえば政府が市民を対象とした高度ネットワークシステムを創設・運用しようとした場合、その創設・運用を正面から否定し、〈対決〉するのではなく、その利用が法令等によって正当な政府目的に限定されていること、かかるネットワークシステムの構造ないしアーキテクチャの堅牢性から、法令等で予定された範囲を超えて個人情報が開示等される「具体的な危険」がないことを憲法上要求することを意味する。[*20] しかし、勿論それだけにとどまらない。情報セキュリティは、システム内在的なプライバシー権を実現するうえでの必要条件であって、十分条件ではないのである。

今後は、従来のリアルな〈コミュニティ＝個人〉関係の中で実現していたプライバシー権のconceptionsを、ネットワークシステムのなかに落とし込んでいく作業が必要となろう。たとえば、従来は、あるコミュニティから別のコミュニティへと物理的・空間的に〈越境〉すること――自らの身体を自ら移動させること――で、過去に刻印された徴《スティグマ》を消し去り、別のコミュニティで新たな人生をリスタートすることができた。一旦過ちを犯した者でも、一定の条件（時の経過など）を満たせばその過去（前科者としての徴）を秘匿し、新たな自己として異なるコミュニティと再接続することができたわけである。[*21] ここでは、コミュニティとの関わりを否定するのではなく、「関わり直すこと」が重要視されている。現在の状況ないし文脈では、徴はグローバルに拡張されたデジタル・ネットワーク上に刻印され、他者はどこからでもこの徴を「検索」できるため、この権利の実現には、汚れた情報――データ・スティグマ――の「消去（erase）」といったシステム管理者の「作為」ないし、これを実現するための「仕組み」が必要となる。つまり、そこでは、システムと〈対決〉し、それとの繋がりを否定するのではなく、その内部において徴の消去を要求すること、人生のリスタートを可能にするための作為を――ネットワークシステムを通じて――求めることが肝要となるのである（その意味で、いわゆる「忘れられる権利（right to be forgotten）」は、システム内在的なプライバシー権の一つとして理解できる）。徴の洗い流しは、システムと〈対決〉することによってではなく、システムに〈依存〉することによってはじめて可能となる。また、新たな関係の取り結び（繋がるネットワークシステムの再選択）のためには、あるネットワーク上に保有された自己のデータセットの一部ないしは全部（データ的分身 *data double*）を、別のネットワークへと――自己の身体と同じように――自在に「移動」させられるための仕組み（データ・ポータビリティ）も必要となろう。現在の文脈では、いかなるネットワークシステムとも繋がらないという選択肢は現実的でない。重要なのは、どのネットワークシステムと繋がるかを主体的に選択できるということなのである。これまで述べてきたような「権利」は、いずれも自然的な自由ではなく、それを実現するためのシステムのデザインを必要とする。

＊20　最判平成20・３・６民集62巻３号６６５頁（住基ネット判決）。山本龍彦「住基ネットの合憲性」長谷部恭男＝石川健治＝宍戸常寿編『憲法判例百選Ⅰ〔第６版〕』（有斐閣２０１３年）46頁以下参照。

＊21　最判平成６・２・８民集48巻2号１４９号（ノンフィクション『逆転』判決）。

現在的状況においては、一時的に「一人になる」ことを、ネットワークシステム上いかにデザインするかも重要となろう。おそらく、古典的プライバシー権の源流である「一人で放っておいてもらう権利」も、コミュニティや人間関係から永遠に「離脱」することまでは想定していなかったはずである。プライバシー権の古典的観念を、かように、関係からの一時的切断として捉えれば、それすら――ネットワークシステムと対抗的に捉える必要はなく――システムとの継続的関係を前提に、そこからの一時的な退出・離脱をシステム上いかにデザインするかというシステム内在的問題に置き換えることができる（位置情報収集のオン・オフ機能の操作可能性をシステム・デザイン上どう高めるか、など）。また、先述のように、現在、プロファイリング（データ・サイクル③）が社会的に一般化してきており、プロファイリングの結果情報（AIによる評価・予測情報）も、ネットワーク上を絶えずフローしている状況にある。従前においても、個人情報をいくつか連結させて、人間の頭のなかで対象者の健康状態や政治的信条などを「推知」することが一般に行われていた（図書館の貸出記録から、当人の政治的信条を「推知」するなど）が、ビッグデータ解析を経て行われる近年のプロファイリングは、予測精度という点でこうした古典的「推知」とは大きく異なり、かかる結果情報は、時に――単なる「推知」情報を超えて――「私生活上の事実らしく受け取られる」[*22]情報にもなり得る。したがって、個人があるネットワークシステムと選択的に繋がる際には、当該システムがどのようなプロファイリングをどのような目的で行っているかを明確に理解し、一定のプロファイリングについてはこれを主体的に拒否できるための〈仕組み〉が必要となろう。特に、プロファイリング結果が、雇用、融資、保険、裁判といった我々の人生に重要な影響を与える決定に利用される場合には、それがどのような情報を基礎に、どのようなアルゴリズムを用いて導かれたのかを説明するための〈仕組み〉、その結果の正確性について本人が異議を申し立てられる〈仕組み〉が——やはりシステム内部に——必要となるだろう。*23

5　おわりに

以上、本稿は、プライバシー権の本質を理論的・体系的に検討するというよりも（本稿では対国家／対私人を明確に区別することもなかった）、それが置かれた現在的「状況」ないし「文脈」に焦点を当て、プライバシー権論の大まかな方向性について考察してきた。そこでの結論は、フロリディが指摘するように我々人間が情報ネットワークシステムと常時繋がり、それに埋め込まれた状況にあっては、システム外在的で対抗的なプライバシー権理解ではなく、システム内在的でシステム調和的なプライバシー権理解の重要性が増すのではないか、というものである。勿論、システム管理者にとっては、プライバシーの conceptions と調和的なシステムを構築するコスト、その構築によって無制約的な情報収集ないし「搾取」が叶わなくなるというデメリットもある。しかし、それでも個人に「ゲリラ戦」を展開されたり、「離脱」されたりすることによって生じるコストよりも安くつくために、基本

＊22　東京地判昭和39・9・28下民集15巻9号2317頁（『宴のあと』判決）。
＊23　プロファイリングの法的諸論点については、前掲＊8・320頁以下参照。

的にはかようなプライバシー権理解に応えるインセンティヴが働くように思われる。個人の側にも、システム内在的な理解をとることによってシステムに取り込まれるのではないかという懸念が生じ得るが、現実には既に埋め込まれているのであり、むしろその事実を前提にしたうえで、システム内部で個人の主体性を回復するためにはどのような戦略をとるべきかを真剣に検討する必要があるだろう。また、システムの「支援」を受けることで、「自己情報をコントロールする」というプライバシー権の一側面が、これまで以上に実質化されるということもあるかもしれない。その意味では、ＡＩ社会（more data 社会）とプライバシー権は決して矛盾しない。お互いを高め合う可能性すらあるだろう。プライバシー権をめぐる憲法改正論議は、この両者の関係が現実にどう推移していくかを慎重に見定めたうえで行うべきである。すなわち、上述のようなインセンティヴがうまく機能せず、システムが個人の主体性を奪うおそれが現実化したときに、プライバシー権を憲法典に書き込もうというプロジェクトが実質的意味をもつように思われるのである。その意味で、この改正プロジェクトのポテンシャルを現時点で全否定することも、また避けなければならない。

コラム 外国は憲法改正にどう向き合っているか2

アメリカ

横大道 聡

1 憲法改正手続の概要

アメリカ合衆国憲法5条の定める憲法改正手続——アメリカの場合、憲法の「修正（amendment）」と呼ぶのが一般的なので、以下、「修正」という語を用いる——は、①発議、②承認のいずれの段階においても、日本国憲法のそれとは異なっている。

まず、①「発議」の方法が2通り用意されている。(a)連邦議会の両院の3分の2以上の賛成があるときに憲法修正の発議がなされる、という点は日本と同様であるが、このほかにも、(b)3分の2の州議会が請求するときは、連邦議会は、修正を発議するための会議(convention)を召集しなければならないと定められている。もっとも、後者の方法によって憲法修正がなされた例はなく、また、会議がいかなる構成、権限を有するのかについて憲法は規定していない。

次に、②発議された憲法修正案の「承認」の方法であるが、上記(a)(b)のいずれの場合においても、次の2つの方法のうち連邦議会が選択した方法によって行われる。すなわち、(i)4分の3以上の州議会の承認、または、(ii)4分の3以上の州における憲法会議による承認である。このうち、ほとんどの承認は(i)によって行われたが、禁酒修正と呼ばれる修正18条（1919年）を廃止するための修正21条（1933年）は、(ii)によって実現された。

このようにアメリカには、〔(a)－(i)〕、〔(a)－(ii)〕、〔(b)－(i)〕、〔(b)－(ii)〕という4通りの憲法修正の方法がある。もっとも、現実に行われた憲法修正のほとんどが〔(a)－(i)〕である。なお同条は、「いかなる州も、その同意なしに、上院における平等の投票権を奪われることはない。」と定め、この場合に限り、州の同意という特別の加重要件が設けられている。

憲法修正の「方式」であるが、アメリカの場合、既存の条項を変更せずにそのままにしておき、新たに条項を付け加えていくという方法が採られている。そのため、新たに加えられた修正により効力を失ったような条項であっても憲法典に残り続けることになる。

2　略史

1787年に制定されたアメリカ合衆国憲法（翌年施行）は、当初、人権を保障する規定を有していなかった。憲法は限定された権限を国家機関に付与する規範であり、権利を侵害する権限はそもそもいかなる機関にも与えられていないから、権利章典を憲法典のなかに盛り込まずとも権利は保障されると制憲者たちが考えていたためである。しかし、この点を反対派から問題視され、結局、１７８９年の第1回議会にて、個人の権利を保障する憲法修正1条から10条がまとめて発議され、１７９１年に承認された。「権利章典（bill of rights）」とも呼ばれるこの修正を含め、現在までに正式に発議された憲法修正案は34案あるが、承認されたものは27である（正式発議に至らなかった憲法修正案は１２０００以上もあるとされる）。実現した憲法修正の概要については末尾の表を参照。

権利章典の後になされた憲法修正のうち、おそらく最も重要な憲法修正は、奴隷制をめぐって生じた南北戦争（１８６１〜１８６５年）を経て制定された「再建修正（Reconstruction Amendments）」と称される修正13、14、15条であろう。それは、権利章典で保障される権利は連邦政府に対する保障であるという考え方を変更し、州に対しても憲法上の権利保障を広げるとともに、連邦議会にその実施権限を認めたからである。その他の憲法修正は選挙権および選挙制度に関するものが多い（修正17、19、20、22、23、24、25、26条）。

直近の憲法修正は、１９９2年に成立した修正27条であるが、この修正案が発議されたのは１７８9年の第1回議会であった。それが約２００年後に、発議当時は存在していなかったミシガン州が承認したことによって修正要件を満たし成立したものである。

3　憲法修正をめぐる議論状況

以上のように、アメリカは複数回の憲法修正を経験しているが、それによって直ちに憲法秩序に変動が生じたわけではない。制憲直後の修正1条から10条までを除けば、すでに事実上生じていた憲法秩序の変動を追認する修正（例えば、修正13、24条）や、決めておくこと自体に意味がある問題を決定した修正（たとえば、修正20、25、26、27条）が目立つ。

その一方でアメリカは、憲法典が修正されなかったにもかかわらず、実質的に憲法の意味内容が大きく変更されたという「憲法革命」——その代表例が、1930年代のフランクリン・ルーズヴェルト大統領が主導したニューディール政策（積極的社会経済政策）を立て続けに違憲としてきた連邦最高裁が、その後立場を転じて判例を変更してこれを容認したことや、1950〜1960年代にアール・ウォーレン連邦最高裁長官率いるウォーレン・コートが、リベラルな諸価値の実現のために積極的な判断を行ったことなどである——を幾度か経験している。「憲法革命」とまではいかないまでも、連邦最高裁が、国論を二分するような社会問題（たとえば、人工妊娠中絶や銃規制、同性婚問題など）に対して積極的に憲法判断を下し、憲法秩序を動かしてきた例も事欠かない。

そのため政治部門は、憲法秩序変動という政治目標実現のために、憲法典の修正ではなく憲法判例の変更を目指すようになっている。連邦最高裁判事任命プロセスの高度政治化はその表れの一つである。また、政治部門もまた自らの憲法解釈に基づいて行動する憲法上の権限を有しているなどとして、自らがイニシアティブをとって憲法秩序の変動または構築を目論むことも少なくない。

こうした状況を受けて、アメリカ憲法学の主たる関心も、憲法修正手続それ自体よりもむしろ、正規の憲法修正手続によらずに生じる憲法秩序の変動をどのように評価ないし理論化するのかに集まっているように見受けられる。形式的意味における憲法の改正という場面だけでなく、実質的意味の憲法の変動という場面をも視野に入れたアメリカにおける議論は、憲法秩序の変動が憲法典の改正によらずに生じている日本の問題を考えるにあたっても示唆を与えてくれるだろう。

《参考文献》

川岸令和「合衆国憲法修正過程——可変性と安定性の間に」全国憲法研究会編『憲法改正問題』（日本評論社、２００５年）２５０頁以下。

川岸令和「立憲主義のディレンマ——アメリカ合衆国の場合」待鳥聡史＝駒村圭吾編『「憲法改正」の比較政治学』（弘文堂、２０１７年）１４１頁以下。

岡山裕「憲法修正なき憲法の変化の政治的意義——ニューディール期アメリカ合衆国の『憲法革命』を題材に」同上・１１４頁以下。

横大道聡「憲法典の改正と憲法秩序変動の諸相」憲法問題27号（２０１７年）7頁以下。

David A. Strauss, *The Irrelevance of Constitutional Amendments*, 114 HARV. L. REV. 1457 (2001).

表　憲法修正一覧

条　文	成立年	概　要
修正１条	1791	政教分離、信教の自由、表現の自由、集会の自由、請願権
修正２条	1791	武器を保有・携行する権利
修正３条	1791	平時における所有者の同意のない家屋への軍隊の宿営の禁止
修正４条	1791	不合理な捜索、逮捕、押収の禁止
修正５条	1791	大陪審による審理の保障、二重の危険の禁止、自己負罪拒否特権、適正手続、財産権の保障
修正６条	1791	陪審の審理、迅速な公開裁判の保障、刑事被告人の権利
修正７条	1791	民事事件における陪審審理の保障
修正８条	1791	残虐で異常な刑罰の禁止
修正９条	1791	人民が保有するその他の権利
修正10条	1791	州および人民に留保された権限
修正11条	1795 （1798施行）	ある州を被告として、他州の市民または外国人が提起する訴訟に対する連邦の裁判管轄権の否認（３条２節１項の修正）
修正12条	1804	大統領の選出方法の変更（２条１節３項の修正）
修正13条	1865	奴隷制度の廃止（４条２節３項の修正）
修正14条	1868	市民権、特権又は免除、デュー・プロセス、法の平等保護
修正15条	1870	人種を理由とした選挙権差別の禁止（１条２節３項の修正）
修正16条	1913	連邦が所得税を賦課、徴収する権限の承認（１条９節４項の修正）
修正17条	1913	上院議員の選出について、州議会による選出から、州民の直接選挙による選出に変更（１条３節１項および２項の修正）
修正18条	1919	酒製造等の禁止
修正19条	1920	性別を理由とした選挙権差別の禁止
修正20条	1933	大統領および副大統領の任期開始時期を定めるとともに、上院及び下院の任期開始時期を変更（１条４節２項、修正12条の修正）
修正21条	1933	修正18条の廃止
修正22条	1951	大統領の三選の禁止
修正23条	1961	コロンビア特別区における大統領選挙人の選出
修正24条	1964	選挙権の要件としての人頭税等の禁止
修正25条	1967	大統領の地位の承継、代理（２条１節６項の補足）
修正26条	1971	18歳以上の市民による選挙権の保障
修正27条	1992	議員報酬の改定に関する制限

第４章　教育の無償化は憲法改正によって実現されるべきものなのか？

中川　律

１　はじめに

「憲法を改正して、幼児教育から高等教育までを無償化する」という提案[*1]に対しては、「法律の整備で対応できるので憲法を改正する必要はない」と応じることができる。憲法改正には膨大な時間や手間、お金がかかるので、必要がなければしないほうがよい。ましてや、憲法９条などの本丸の条文の改正のための地ならしとして、試しにやるようなものではない。

こうした答えに対しては、「憲法に書き込むことによって教育の無償化がより確実になる」との反論を予想できる。しかし、そこまで強く賛同が得られるのであれば、それこそ法律の整備ですぐにでも実現できるのではないかとも思われる。さらに、教育の無償化も特定の目的を達成するための手段のはずであり、法律上の具体化のあり様次第では、その目的を裏切ることにもなりかねない。教育を無償化しようとする際には、憲法に書き込むことよりも、どのような教育制度の枠組みのなかで具体化するのかについてよく考えることの方に注力すべきである。とにかく憲法を改正すればうまくゆくという考え方には重大な見落としがある。

どうしてこのように考えるべきなのか。以下、高等教育の無償化を題材に考察を進める。

2　なぜ、憲法改正は不必要なのか？

まずは、高等教育の無償化のために憲法改正は必要ない理由について、基礎知識の確認の意味も込めて簡単に見ておきたい。憲法26条1項では、「すべて国民は、法律の定めるところにより、その能力に応じて、ひとしく教育を受ける権利を有する」と定められている。教育を受ける権利は社会権たる性質を有する。すなわち、憲法26条1項は、子どもも大人も含め、個々人が、自らの成長、発達に必要な学習をする権利（学習権）を有することを踏まえて、国家に対して、学校教育施設を設けることなどによって積極的に教育条件の整備を進める義務を課すものと解されている。また、憲法26条2項では、「すべて国民は、法律の定めるところにより、その保護する子女に普通教育を受けさせる義務を負ふ」とされ、「義務教育は、これを無償とする」と定められている。憲法上の要請である義務教育の無償の範囲については、学説上、授業料のみの無償を指すのか（授業料無償説）、それともその他の教科書や修学旅行費なども含めた就学にかかる一切の費用を指すのか（就学費無償説）という考え方の対立がある。判例上は、授業料のみの無償を意味するものと解されている。*2

さて、以上のように、憲法上、無償であることが明確に要請されているのは義務教育の部分だけである。そうするとやはり高等教育の無償化には憲法改正が必要なのかというと、そうではない。確かに、高等教育の無償化は憲法上の要請としては読み取れないかもしれないが、禁止もされていない。実際、たとえば、授業料無償説に立てば、義務教育段階でも教科書の無償までは憲法上の要請ではないが、現在では義務教育段階の教科書は無償で給付されている。これは義務教育諸学校の教科用図書の無償に関する法律と義務教育諸学校の教科用図書の無償措置に関する法律に基づくものである。また、現在では所得制限付きではあるが、高等学校の生徒にも、支給限度額内において授業料に相当する金額が支給されている。これも高等学校等就学支援金に関する法律に基づくものである。これらと同様に、高等教育の無償化に関しても法律の整備で実現できるはずである。むしろ、高等教育の無償化が、国民の教育を受ける権利の充足のために国家の教育条件整備義務を果たすうえで意義のあるものならば、憲法26条1項の趣旨に照らし、それを実現する法律の整備を積極的に進めるべきである。

さらに、高等教育の無償化に関しては、1976年に発効した経済的、社会的及び文化的権利に関する国際規約（以下、社会権規約）も重要である。社会権規約13条1項では、締約国は「教育につい

＊1　たとえば、2018年3月現在、自民党は、改憲を通じた教育の無償化を正面から主張してはいないが、改憲4項目の一つとして、主に経済的な面での教育機会の確保のために教育環境を整備する努力義務を憲法に規定する案を示している。

＊2　最大判昭39・2・26民集18巻2号343頁（教科書費国庫負担請求事件最高裁判決）。

てのすべての者の権利」を認めるとされる。そして、同条2項では「この規約の締約国は、1の権利の完全な実現を達成するため、次のことを認める」とされ、同2項(c)において「高等教育は、すべての適当な方法により、特に、無償教育の漸進的な導入により、能力に応じ、すべての者に対して均等に機会が与えられるものとすること」と定められている。日本政府は、１９７９年の日本の同条約の批准の際に、同2項(c)の「特に、無償教育の漸進的な導入により」という部分には拘束されない権利を留保するとの宣言を行っていた。しかし、２０１２年には、この留保も撤回された。日本政府は、すでに、国民の教育を受ける権利を充足するために、高等教育の無償化に向けて積極的に政策を進めるべき立場にあることを自ら宣言している。高等教育の無償化を進めることは憲法上禁止されていないどころか、むしろ、国際法上の要請でもある。高等教育の無償化を真剣に実現したいならば、現時点ですぐに法律の整備に向けて政策提言をすべきであり、憲法改正のような迂遠な手段に訴える必要はないといわねばならない。

3　何のための無償化なのか？

それでは、高等教育の無償化を題材に、ともかく憲法を改正すればうまくゆくという考え方に潜む欠陥について見てゆこう。この点は要するに、取り組むべき政策的な課題の性質によっては、憲法改正を主張するよりも、どのような制度のなかで具体化すべきなのかをよく考える方が重要になってくるということである。

最初に確認すべきことは何のための高等教育の無償化なのかである。高等教育の無償化の目的として第一に挙げられるのは、国民の教育を受ける権利の充足であろう。先ほども見たように、憲法26条では、「すべて国民は、法律の定めるところにより、その能力に応じて、ひとしく教育を受ける権利を有する」とされ、教育の機会均等が定められている。高等教育についても、それを受ける機会がすべての国民に公正に開かれていなければならない。しかし、日本社会の現実を見ると、どうであろうか。近年では格差社会という言葉が人口に膾炙し、たとえば、大学への進学についても家庭の経済力の格差が反映されているという。[*3] そうすると、高等教育の無償化は、今まで経済的な理由で大学への進学を断念していた層にとっては高等教育を受ける機会を新たに開くものになるであろう。[*4]

もっとも、高等教育を無償化する目的はほかにもある。それは、教育を受ける権利の充足という個人が高等教育を受けることから得る利益にではなく、高等教育が社会全体にもたらす利益に着目する議論である。たとえば、新自由主義の理論家として著名なミルトン・フリードマンは、政府が「高等教育の費用を負担するのは、高い能力と知的関心を備えた若者に教育を施せば社会や政治における指導力を身につけさせることができるので、他の人々にも利益をもたらすからである[*5]」という。高等教

＊３　小林雅之「教育機会の均等」耳塚寛明編『教育格差の社会学』（有斐閣、２０１４年）53頁、59－65頁。

＊４　世取山洋介「公教育の無償性と憲法」同＝福祉国家構想研究会編『公教育の無償性を実現する――教育財政法の再構築』（大月書店、２０１２年）４５５頁、４６２－４６７頁。

＊５　ミルトン・フリードマン著（村井章子訳）『資本主義と自由』（日経ＢＰ社、２００８年）１７５頁。

育の無償化は、将来的に社会で活躍するエリート人材の育成のために主張されているのかもしれない。

どちらの目的も政府の活動目的としては正当なものである。問題は、往々にして個人的な利益の追求と社会的な利益の追求とは矛盾するということである。エリート人材の育成という社会的な利益に基づく議論は、社会全体の費用対効果を重視し、結果的に個々人への公正な教育機会の確保につながらなくとも、より少ない費用でより効果の上がる手段を探求するものである。これに対して、教育を受ける権利の充足という個人的な利益に基づく議論は、たとえ指導力のある人材の育成という観点からは効率が悪くとも、国民一人ひとりに教育を受ける公正な機会を確保することに適した手段を探求するものである。

したがって、高等教育の無償化という手段に関しても、それがどのような目的の達成のために採用されようとしているのかをよく見極めなければならない。表面上は、公正な教育機会の確保ということがいわれていても、実は、エリート人材の育成という目的が裏に隠れているということもある。しかし、このようなことは、憲法26条を踏まえて、高等教育まで含めて国民の教育を受ける権利が十分に保障されるべきであり、そうだからこそ高等教育の無償化という政策が支持されるのだとすれば許されるべきではない。

それでは、高等教育の無償化という手段が、公正な教育機会の確保という目的に資するものになっているかどうかをどのように見極めればよいのであろうか。そのためには、高等教育の無償化にだけ着目するのではなく、それがどのような教育制度のなかで具体化されようとしているのかに着目する必要がある。ある論者によれば、高等教育への公正な機会が確保された教育制度かどうかは、アクセス可能性（accessibility）、利用可能性（availability）、水平性（horizontality）という３つの次元において判定されるべきであるという。[*6] たとえ高等教育が無償化されたとしても、この３つの次元において適切な教育制度が整えられていなければ公正な教育機会の確保に資するものにはならない可能性がある。以下、順番に見ていこう。

4　授業料の無償化だけで十分か？

一つ目はアクセス可能性の確保である。これは、国民一人ひとりに高等教育への公正な機会が確保されるためには、人々にとって高等教育機関への進学の障壁となる諸要素は取り除かれなければならないということである。たとえば、現在の日本では、大学の入学試験の際には、受験者の能力を判定する試験の得点のみを基準にすべきであり、受験者の人種、信条、性別、社会的身分など他の諸要素を考慮することは原則的に許されない。それらの諸要素は、アクセス可能性を妨げる障壁として取り除かれるべきと考えられているのである。

公正な教育機会の確保を目的に高等教育を無償化するという場合も、アクセス可能性の確保に着目した政策だと評価できる。上記のとおり、高等教育機関に進学する際の経済的な障壁を除去するもの

＊6　Tristan McCowan, *Three Dimensions of equity of access to higher education*, 46 Compare: A Journal of Comparative and International Education 645, 658-661（2016）.

と考えることができるからである。もっとも、そうだとすると、ここで一つ立ち止まって考えてみなければならないことがある。高等教育の無償化がいわれる場合には、一般的には授業料の無償化の主張であると思われるが、本当にそれでアクセス可能性の確保のために十分なのかということである。

第一に、経済的な障壁として問題になるのは授業料に限られない。たとえば、大学に4年間通うとしたら、その間の学習費や生活費もかかり、高校を卒業してすぐに働いていたら得られたであろう所得も失うことになる。家庭の経済力によっては、十分に進学を断念する理由になるであろう。第二に、障壁は経済的なものだけに限られない。高校卒業までの間に、大学進学を希望し得る十分な学力が身につかないということもある。そのような学力の格差も、家庭の経済力に影響を受けているといわれる。[*7] 学校外での学習にかける費用も、そもそも最初から大学に行くことを想定するかどうかも、家庭の経済力によって左右される場合が多いであろう。

こうしたことを踏まえると、アクセス可能性を十分に確保するためには、給付型奨学金制度の充実や幼児期からの教育支援、さらには、親の雇用を安定させる政策や社会保障制度の拡充による一般的な所得格差の是正策なども合わせて考えなければならない。[*8] 高等教育を無償化するけれど、生活保護費は削減するということでは、既存の教育格差を温存するだけにもなりかねない。

5　高等教育はエリートのためのものか？

二つ目は利用可能性の確保である。これは、人々が利用できる高等教育機関の量がどのくらい確保されるべきなのかという問題である。たとえば、大学の授業料を無償化する一方で、大学の数が増えすぎたので減らすという政策は、どのように評価されるべきであろうか。エリート人材の育成のための授業料の無償化ならば、優秀な人々に費用を集中投下した方が効率的なので大学の数を絞り込むという判断も成り立ち得るであろう。

しかし、高等教育への公正な機会の確保という観点からは問題がある。高等教育機関の数が極めて高い能力のある一部のエリートを受け入れたらいっぱいになってしまう程度ならば、そうした能力を示し得ないその他の多くの人々にとっては、高等教育は最初から利用可能性のないものでしかない。

これでは高等教育を受け得ることが国民一人ひとりの権利だとはいい得ないであろう。憲法26条では、教育を受ける権利は、すべての国民が「その能力に応じて、ひとしく」享受するものとされている。この部分は、「すべての子どもが能力発達のしかたに応じてなるべく能力発達ができるような（能力発達上の必要に応じた）教育を保障される」（傍点は原文ママ）と読まれるべきであり、「先天的な能力程度やテスト成績順位に応じた程度の教育がうけられればよい」というように理解されるべきものではない。[*9]

こう考えるのであれば、初等・中等教育段階のようにすべての人々の利用可能性を確保する程度の

＊7　耳塚寛明「学力格差の社会学」耳塚編・前掲＊2・1頁、7－13頁。
＊8　参照、耳塚・前掲＊6・14－16頁；小林・前掲＊2・70－72頁。
＊9　兼子仁『教育法〔新版〕』（有斐閣、1978年）231－232頁。

量が用意される必要はないとしても、高等教育を受けるのに必要な最低限の能力水準を充足し、かつ高等教育機関への進学を希望する人々を受け入れることができる程度には十分な量の高等教育機関が用意されるべきである。[*10]

高等教育はエリートのためだけのものではないはずである。高等教育が無償化されても、その利益を享受できる人々が狭く限定されてしまっては元も子もない。

6　受験競争は当然か？

最後、三つ目は水平性の確保である。これは大学間の序列化を問題にするものである。日本においては、現時点では、多くの数の大学があり、利用可能性の確保はかなりの程度に進んできた。大学への進学を望み、一定水準の経済力と学力があれば、どこかの大学には入ることができる。それでも受験競争はなくならない。それは、なぜかといえば、偏差値という基準によって、事実上、大学が序列化されているからである。こうしたなかでは、ランクの高い大学への進学は、地位財たる性質を有するものになっている。地位財とは、ある人が他者の機会との相関関係において獲得する機会のことである。[*11]誰かがその財を得ると、その人自身を利する機会が増進される一方で、他の誰かを利する機会は減退させられることになる。ある人が、受験競争を勝ち抜いて、偏差値の高い大学に入れば、その分だけ高収入の企業に就職できる機会が増進される一方で、その大学に入れなかった他の人が高収入の企業に就職できる機会は減退させられることになる。現在の日本では、大学に入るのが重要なのではなく、どの大学に入るのかが重要になっている。

こうした状況は、現在の日本では当たり前のものとして受け入れられているかのようである。しかし、高等教育への公正な機会の確保という観点からすると疑ってみる必要がある。大学間の序列化は、高校卒業までの間にどれだけ高い学力を身につけられるかどうかで、高い価値の高等教育を受けることができるかどうかを左右されることを意味するものである。そうすると、結局、受験競争を勝ち抜くためにどれだけ費用をかけることができるかという家庭の経済力の差異が、高等教育への機会に影響を与えることになる。裕福な家庭がどうしても有利である。もっとも、家庭の経済力を完全に同等にすることは不可能であるし、望ましいことでもない。では、どうしたらよいのか。

ここで考慮されるべきなのが、大学間の水平性である。[*12] すなわち、大学間の序列化それ自体を、できるだけ教育の質と大学の格付けの点で対等になるようにする必要があるのではないかということである。大学間の水平性を求めることは、各大学がその専門性や教育プログラムなどの点で多様であることを否定するものではない。国民一人ひとりが希望する大学への機会をそれがどの大学であろうとも公正に確保されるべきだというものである。高等教育への公正な機会の確保という目的を真剣に突き詰めるならば、当然視されるべきでないのは、授業料に限られない。受験競争もまた当然ではない

---

*10　McCowan supra note 5 at 652.
*11　*Id.* at 649.
*12　*Id.* at 659.

可能性がある。

7　おわりに

以上を踏まえれば、憲法を改正して教育の無償化を実現すべきであるという主張は、二重の意味でその真剣さに疑いが向けられるべきものである。第一に、教育の無償化は憲法を改正しなければいけない課題ではない。それにもかかわらず、憲法改正が主張されるところを見ると、教育の無償化ではなく、憲法改正それ自体が自己目的化していることが疑われる。第二に、教育の無償化という手段によって取り組もうとしている政策的な課題に対する真剣さをも疑われる。教育格差の是正という政策的課題に取り組み、国民一人ひとりに教育への公正な機会を実質的に確保しようとするのであれば、教育の無償化がどのような制度的な枠組みのなかで実現されるべきなのかをよく考えるべきである。それらを置き去りにして、とにかく教育の無償化のための憲法改正を進めるというのでは何の解決にもならないということにもなりかねない。

現時点で「教育の無償化は憲法改正によって実現されるべきものなのか」と問われれば、「否」と答えざるを得ない。

第５章　環境権・環境保全義務
――福島第一原発事故をふまえて

下山　憲治

１　はじめに

環境権とは、簡単にいえば、「良好な環境を享受する権利」である。環境権については、自由権的側面と社会権的側面に着目して議論されてきた。また、この権利は、福島第一原発事故後の避難とその継続の正当化、面的・地域的な放射性物質による汚染の除去のほか原状回復・結果除去など、特に生業や「ふるさと喪失」などの被害の救済・回復を被害者が求める場合の実体的根拠の一つとして注目された。一方で、除染や帰還等の施策などに関する各種決定への住民等の参加を求める手続的権利として環境権を位置づける考え方もある。このような実体的権利と手続的権利という区分のほかにも、環境の範囲と権利主体の相違にも注目する必要がある。

日本国憲法には「環境権」に関する明文規定はない。しかし、世界の憲法を見ると、環境権・環境保全義務について規定している国も多い。[*1] そこで、「新しい人権」の一つとして「環境権」、あるいは「環境保全義務」を日本国憲法に盛り込もうとする動きがある。たとえば、自由民主党の日本国憲法改正草案（２０１２年４月27日決定）を見ると、憲法25条の生存権規定の後に、25条の２「環境保全の責務」として「国は、国民と協力して、国民が良好な環境を享受することができるようにその保全に努めなければならない」旨の規定の新設が考えられている。

ここでは、環境権が提唱された背景、内容そして権利主体等について検討したうえで、福島第一原発事故という大きなインパクトを踏まえ、[*2] 環境権・環境保全義務について、日本国憲法に新設する必要性や意義の存否を確認したい。

2　環境権とは何か

日本では、四大公害をきっかけに人の生命・健康と財産に対する侵害行為への対応を中心とした「公害のない環境」を出発点にして、騒音などの生活環境、アメニティ、動植物の保護を含む自然環境、そして、温暖化対策などの地球環境へと、保全すべき環境の幅が拡張されてきた。[*3] その過程で、航空機騒音が問題となった大阪空港訴訟を契機に「環境権」という言葉が登場し、環境汚染ないしそのおそれがあるときは、「その環境を共有する地域住民は、具体的な被害が発生しているか否かを問わないで、直ちにその環境破壊行為」の差止めを求めることができ、その根拠として「人は、誰しも生まれながらに良き環境を享受し、かつこれを支配しうる権利」（環境権）をもっていると主張された。

ここでの「環境」は、大気・水・日照・静穏・土壌・景観のほか、文化遺産、道路・公園その他の社会的環境も含み、広くとらえられた。[*4]

環境権は、環境汚染や快適な生活を妨げる環境破壊などからの防御（差止め）を意味する部分と、より良い環境に向けた改善・向上を請求する部分があり、幸福追求権（憲法13条）と「健康で文化的な最低限度の生活を営む権利」（同25条1項）に包含される、あるいは、それらを構成する一要素として、多数の学説によって認められてきた。しかしながら、訴訟において裁判所は認めていない。[*5] その主な理由は、「環境権」が何を意味するのか、その範囲の確定と権利として主張できるのは誰かという課題にあり、これらの点について今までも多くの議論が重ねられてきた。[*6]

＊1　少し古いが、初宿正典「いわゆる環境権と財産権行使の規制に関する主要国の制度」（参議院憲法調査会事務局、２００３年）参照。

＊2　国家の事前配慮義務、人格権を中心に原子力リスクへの法的対応を総合的に検討する藤井康博「〈3・11〉後の事前配慮原則と人格権⑴～⑷完」法政研究17巻2号（２０１２年）１０８頁、法政研究18巻1・2号（２０１４年）２４４頁、大東法学25巻1号（２０１５年）95頁、大東法学26巻2号（２０１７年）97頁がある。また、既存の人権カタログのなかで整理する松本和彦「原発事故と憲法上の権利」斉藤浩編『原発の安全と行政・司法・学界の責任』（法律文化社、２０１３年）１２１頁以下も参照。

＊3　畠山武道「環境の定義と価値基準」新見育文ほか編『環境法大系』（商事法務、２０１２年）27頁以下参照。

＊4　大阪弁護士会環境権研究会『環境権』（日本評論社、１９７３年）22頁以下。また、村田哲夫「環境権の意義とその生成」環境法研究（有斐閣）31号（２００６年）3頁参照。

＊5　たとえば、伊達火力発電所建設差止訴訟・札幌地判１９８０（昭和55）・10・14判時９８８号37頁。

それでは、次に、福島第一原発事故による主要な公害・環境問題とそれに対する法的取組課題を確認しておきたい。

3　福島第一原発事故による被害の救済・回復と環境保全

放射線は五感ではとらえられず、人体・健康や環境に対する影響は大きいものから、低線量の場合のように科学的に十分解明されていないものまである。そのため、低線量地域であっても、さまざまな事情から、着の身着のまま避難し、十分な賠償・支援もないまま、避難をやむを得ず継続している場合もあれば、避難せず滞在し続け、多くの不安と課題を抱える場合もある。また、除染活動と帰還政策が進められてはいるが、帰還者が少数で地域社会が成り立たないなどの問題もある。子ども・被災者支援法による支援や対策も期待されたが、その基本理念を実施に移す段階で骨抜きにされ、内容的にも手続的にも多くの問題があり、充分な対応ができていない。

従来、公害等に関する民事差止訴訟や損害賠償訴訟では、平穏生活権等の人格権や環境権の保全とその侵害が主要根拠とされてきた。原発事故による放射性物質の放出と汚染は、人の生命・健康のほか、その前提条件たる社会的生活基盤にも大きく作用する。低線量汚染であっても、人が平穏な生活を営む基盤に加え、快適な生活環境をも破壊することになり得る。このように、その境界線を明確には引くのは困難であるが、生命・健康の保護を核として、人格的生存に必要な自然的要素（大気、水、土壌など）の保全、放射線被ばくによる不安等から自由な平穏生活、さらには、生業やコミュニティなどの社会生活基盤の保全や快適な生活環境の保全というように、保全範囲が広がっている点を意識しておく必要があろう。そして、「包括的生活利益」[*7]が構想されつつ、かなり限定的ではあるが、損害賠償訴訟において、いわゆる「ふるさと喪失慰謝料」や区域外避難者（いわゆる「自主」避難者）の避難慰謝料が認められてきている[*8]。

環境権について、その内容と権利主体を中心に、より精緻化した権利論[*9]を展開し、妨害排除・結果除去請求のほか、生活環境基盤の保全・確保を求めたり、それら権利侵害を理由に、損害賠償請求を考える必要がある。

このような実体的権利に加え、居住が制限される帰還困難区域、居住制限区域および避難指示解除準備区域の設定や区域再編、帰還政策では、住民等の意見聴取やその反映の機会が十分の保障されていない。そこで、そのような地域社会や生活環境のあり方に関わる重要な決定過程において、住民が

＊6　以上の議論については、ジュリスト１３２５号（２００６年）72頁以下における「〈特集〉憲法における環境規定のあり方」所収の各論文参照。

＊7　淡路剛久『包括的生活利益』の侵害と損害」淡路剛久ほか編『福島原発事故賠償の研究』（日本評論社、２０１５年）11頁（20頁以下）。

＊8　たとえば、吉村良一「原発事故賠償訴訟の動向と両判決の検討――損害論を中心に」環境と公害47巻３号（２０１８年）29頁以下参照。

＊9　たとえば、環境権をかなり限定的に理解することで権利性を明確化しようとする清野幾久子「環境権論の再検討――３・11原発事故後の憲法上の環境権論」長谷部恭男ほか編『現代立憲主義の諸相　下　高橋和之先生古稀記念』（有斐閣、２０１３年）５７７頁以下がある。

参加できる仕組みが必要とされている。[*10]

そこで、以下では、環境権・環境保全義務の内容と主体、参加権としての環境権について、従来の議論動向を整理したい。

4　環境権・環境保全義務の内容・主体

環境権の対象となる環境の範囲

環境とは、特に人や生物を取り巻く外界であって、直接・間接に、相互に影響を及ぼしあうものである。このように環境を広くとらえると、人と人、社会ひいては国家との関係も「環境」のなかに取り込まれて、広くなりすぎる。[*11] したがって、「環境権」でいう「環境」とは、すべての「外界」ではなく、大気、水、土壌のように人が生存ないし生活をする上で不可欠な自然的要素のほか、野生動物や森林における植物等の自然環境や、景観と歴史・文化遺産のような快適で魅力的な居住環境という「外界の一部」が対象となる。

自然的要素は人の生存に必要な条件を構成し、人間はそこからさまざまな恵沢を受けると同時に、良くも悪くも人が影響を及ぼすことで人の生存や生活にとって都合の良い、しかし、ある人にとっては都合の悪い外界がうみだされる。その一つが、大気や水などを媒介にした騒音や汚染などの公害問題となる。一方、近年、都市環境や自然環境の保全など、より快適な居住や生活を営むための環境保全も重要な問題となっている。このように、法律問題として取り扱う「環境」は、ある者による外界への影響力の行使が騒音や汚染など自然的要素を媒介にして他者に悪影響を及ぼしたり、開発により自然環境や景観を破壊されることによる影響など、それが法的に解決すべき課題であると評価されたものに限られる。そして、次に見るように、一般的には、その悪影響が、人の生存に不可欠な自然的要素に関わる場合には権利論になじみやすく、景観や自然環境の場合には国家の義務論になじみやすいといえる。

環境権の主体

環境問題にはさまざまなものがあり、個人の生命・身体および健康という人の存在・生存に直結するものは、従来から、主に人格権を根拠にして訴訟等で争われてきた。一方、特に自然環境の保全は、通常、財産権を制約する「公共の福祉」の内容を具体化するものと位置付けられることが多い。[*12] そして、自然環境の保全を求める個人・団体は、「環境権」や前述の人格権ではなく、「自然享有権」ないし「自然の権利」を根拠に訴訟を提起することがある。しかし、この自然享有権等は、仮にその保全を特定個人が求めても、公益ないし「集合的権利」であって、個人の権利に分解・還元できないこと

＊10　礒野弥生「原発事故被害収束政策と住民の権利」現代法学32号（２０１７年）29頁。
＊11　岩間昭道「日本国憲法と環境保全」前掲＊9・『現代立憲主義の諸相　下』５５３頁以下参照。
＊12　たとえば、松本和彦「憲法学から見た環境権」前掲＊4・環境法研究31号19頁以下参照。もちろん、「公共の福祉」は、一面では権利を制約するものであるが、他面では権利を保護するものでもある。

などから、裁判例でそれを認めたものはない。[*13]

ただ、都市景観に関し、景観法の制定に伴い、「現時点においては、私法上の権利といい得るような明確な実体を有するもの」とはいえないが、「良好な景観に近接する地域内に居住し、その恵沢を日常的に享受している者は、良好な景観が有する客観的な価値の侵害に対して密接な利害関係を有する」として、法的利益となり得ることが最高裁で確認されている。[*14] 個人の権利と公益（ないし集合的利益）の境界事例といえる。いずれにしても、法律の存在が環境に関わる権利ないし法的利益を認める際の大きな要因となることがわかる。

環境保全義務

環境権論には現状ではいろいろな難点がある。そこで、自然環境の保全等について、何が良好な環境なのかなど、現実的には、社会的合意を民主的に形成しながら、内容等を具体化し、積極的に国等がとりくむことを重視する観点から、環境保全義務という発想が登場する。立法機関等に対し、積極的な環境保全への取り組みを促進させようとするのである。

環境保全義務とは、要するに、国家がさまざまな場面で環境保全に配慮し、意思決定にあたって適切に考慮し、行動するように一般的に義務付けるものである。特に立法機関は立法にあたって、そして、行政機関と裁判所は法律の解釈適用にあたってその義務に拘束されると考えるのである。

なお、この義務に類似する内容は、現行の環境基本法のなかに見いだすことができる。同法では、「環境権」との文言はないものの、「環境を健全で恵み豊かなものとして維持することが人間の健康で文化的な生活に欠くことのできないもの」であり、「現在及び将来の世代の人間が健全で恵み豊かな環境の恵沢を享受する」ように環境保全が適切に行われなければならない旨が基本理念の一つとして定められている（３条）。[*15]この基本理念にのっとって、国等は環境の保全に関する施策を策定・実施する責務を有し（６条）、また、環境に影響を及ぼすと認められる施策を策定し、および実施するにあたっては、環境の保全について配慮しなければならない環境配慮義務の定めもある（19条）。

5　参加権としての環境権

近年では、前述のアメニティの多くや自然環境の保全にあたって、そのような環境を公共財と位置づけ、実体的権利というよりも、環境共有権ないし環境共同形成権など、各種施策や決定への参加や司法アクセスを求める手続的権利として再構成する考え方が主流化してきている。[*16]この考え方は、地

＊13　たとえば、オオヒシクイ訴訟・東京高判１９９６（平成８）・４・23判タ９５７号１９４頁やアマミノクロウサギ訴訟・福岡高裁宮崎支判２００２（平成14）・３・19判例集未登載がある。なお、次の景観利益に見るように、「公益」といわれるものが個人の権利や法的利益に分解・還元できないと言い切ることはできない。

＊14　国立景観訴訟・最判２００６（平成18）・３・30民集60巻３号９４８頁。また、たとえば、鞆の浦景観訴訟・広島地判２００９（平成21）・10・１判時２０６０号３頁も参照。

＊15　この規定は、「環境権」の趣旨を含むものとされている（環境省総合環境政策局総務課編著『環境基本法の解説［改訂版］』（ぎょうせい、２００２年）98頁以下参照）。

域コミュニティやより広域的な自然環境をどのように維持したり、形成していくのかは、地域社会のあり方を方向づけるものでもあるから、民主的な意思決定を合理化するため、各種施策やその決定手続への参加権や関係情報の開示請求権という手続的権利として位置づけることができる。[*17] このような権利は、憲法に明文の定めがなくても、法律によって制度化することは可能であるし、それで十分ともいえる。

6　おわりに——憲法改正の必要性？

環境権ないし環境保全義務を憲法に規定することによって、国民の権利保障がより手厚くなるとか、時代の変化に対応する積極的な立法措置が可能になるなどの期待ができるとか、そのことがある意味で世界的な趨勢でもあって、日本国憲法は時代遅れなどといわれることがある。しかし、各国で定められる憲法改正手続、基本的人権規定の類型と定め方などを詳細に対比しなければ、適切な比較検討とはいえない。

日本国憲法は、改正が容易ではない硬性憲法であって、しかも、基本的人権規定はかなり抽象的な定め方になっている。そこで、法律の制定改廃によっては対応できないような問題群があれば、憲法改正の意義も、必要性もあるといえよう。つまり、環境権・環境保全義務規定を憲法に新設しなければ、人権相互間の調整ができず、新たな環境保全立法が成立しないとか、立法や法適用にあたって具体的な不都合・障害があるかが重要な視点になる。[*18]

環境保全については、環境基本法を頂点にして数多くの法律および条例が定められ、相応の法体系ができており、いまだ課題は多いが、その解決のため憲法改正が不可欠であるといえるほどのものがあるのか疑問である。また、憲法で定められた基盤的・普遍的内容を維持しつつ、時代の変化に対応した新たな解釈を取り込むことが可能であって、実際に、「新しい人権」の一つとされる環境権または環境保全義務についても、その基本的考え方が現行憲法に照らして違憲であるとする見解は寡聞にして聞かない。それゆえ、この種の規定を憲法に新設する意義も必要性も乏しいといえる。*19

その一方で、福島第一原発事故に起因する公害・環境問題は、憲法改正によって初めて解決されるものではない。個々の具体的な法令を早期に整備することによる方が、より実質的かつ実効的で早期の解決に役立つものと考えられる。憲法改正論議は重要であるが、公害問題の解決や環境保全に向けた適切な法律の制定改廃をできるだけ早い段階で行うように注力することもまた、立法者・政治の重

＊16　たとえば、大塚直『環境法ＢＡＳＩＣ〔第2版〕』（有斐閣、２０１６年）41頁以下、北村喜宣『環境法〔第4版〕』（弘文堂、２０１７年）48頁以下、環境権および環境保全義務の内容を総括するものに、礒野弥生「環境権と環境配慮義務」前掲＊2・『環境法大系』59頁（77頁以下）がある。

＊17　松本和彦「権利保護としての環境保護」阪大法学64巻3・4号（２０１４年）８６１頁。

＊18　たとえば、江島晶子「問題は、人権規定なのか、人権を実現する仕組み（統治機構）なのか」奥平康弘ほか編『改憲の何が問題か』（岩波書店、２０１３年）２２２頁および石川健治「環境権『加憲』という罠」樋口陽一＝山口二郎編『安倍流改憲にＮＯを！』（岩波書店、２０１５年）74頁も参照。

＊19　たとえば、小山剛「憲法改正と環境条項」日本法学82巻3号（２０１６年）７７６頁。

要な役割である。

コラム

外国は憲法改正にどう向き合っているか3

ドイツ

高橋　雅人

1　はじめに

憲法の制定や改正は、最も深いところで国民に関わっていくにもかかわらず、そのときどきの国民がそのつど行うものでもない。時間的観点から見れば「死者、生者をとらえる」のである。しかし、超時代的な憲法が社会の民主的プロセスの変化にかかわりなく生き続けるだけなら、その正当性には疑問が付され得る。したがって、憲法を改正する、という手続それ自体は当然になければならず、それが想定されない社会は、たしかに異常なのだろう。

日本国憲法では、憲法改正手続について、よく知られているように、各議院の3分の2以上の賛成と国民投票による過半数の賛成を必要とする（96条）。

この国民投票という加重要件を、ドイツ基本法（ドイツでは現行憲法を「基本法」という）は知らない。ドイツでは、基本法改正には、連邦議会議員の3分の2、および連邦参議院の票決数の3分の2の同意が必要だとしている（同法79条2項）。日本と同様に、特別多数決を要するが、国民投票は求めていない。これが憲法改正手続上の、日独の有名な異同である。さらに、もっと日本で有名なのは、ドイツの基本法改正の回数の多さであろう。制定以来60回以上もの改正を経ている。これをもって、しばしば、憲法改正論議のなかで、「ドイツは数十回も改正しているのに、日本が一度もしていないのは異常だ」といわれ、これに対して「回数が問題なのではない」という反論がなされることが、日本の憲法史のなかで、幾度もくり返されてきた。

ドイツにとって憲法改正は、政治の運用のあり得る選択肢の1つということが自明なのである。これに対して、日本は政治の運用として憲法改正が議題に上がったとたん、大きな反発を生み、問題となる。

ドイツの憲法改正が、政治の運用に必要な手続として行われている事情を知らずして、ただ改正の回数という数字だけを取り上げてそこに還元してしまっては、本質が見失われる。ここでは、ドイツの実際の改正例の紹介と、憲法で想定された改正に対する統制モデルを見ていきたい。なぜなら、そうした憲法改正の実態と、憲法改正手続に包含されている改正権限の統制とを併せて見ていく総合的・全体的な視点を確保するなかで、日独の比較が行われなければならないからである。

2　改正の実例

ドイツでは、基本法制定以来、60回以上の改正を経ているが、大半は連邦制度の改革など、統治機構上の変革に伴う憲法改正である。連邦制度改革以外には、国防制度の創設・拡充、財政制度改革、緊急事態法の整備、憲法異議の創設、盗聴の憲法化、欧州統合に対応する改正等がある。国家組織・統治機構以外では基本権に関わる改正も行われている。こうした統治機構の改革と憲法改正の関係に目を向けることが、日本との比較において重要になる。いくつかの具体例を見ていこう。

国防制度の創設・拡充

ドイツでは、１９４９年の基本法において侵略戦争の禁止規定（同法26条）があったが、１９５６年の憲法改正によって、軍隊の設置や連邦国防行政、軍事裁判所等の規定を置くことで再軍備が行われた。１９６０年以降、緊急事態条項の導入により国内への防衛出動が規定され、国防制度と憲法の適合性の問題を解消していった。ただ、90年代以降は、憲法改正による制度拡充ではなく、むしろ連邦政府による憲法解釈と、それの学説による支持や、連邦憲法裁判所による連邦軍の域外出動の基本法からの導出、あるいは連邦軍の国内への軍事出動の許容によって、国防制度の拡充が行われている。[*1]

財政制度改革

財政に関する規律を行う基本法第10章が、最も頻繁に改正されている。連邦制を採用するドイツでは、連邦とラントの財政権限の分配が重視され、近年でも２００９年に連邦とラント間の財政収支均衡原則（起債制限）を基本法に書き込む改正がなされている。[*2] 連邦とラントの関係をいかに構築するのかは、旧西ドイツでも、東西ドイツ統一後も、一貫して問われ続けている政治課題なのである。財政の弱体なラントを連邦が支援する垂直的な財政調整を、１９５５年の財政改革法から繰り返し憲法改正によって行っている。[*3]

日本

ひるがえって、日本では主要な政治課題についていかに対応しているだろうか。[*4] 安全保障について、最高裁判所は、自衛隊の前身である警察予備隊が憲法9条2項のいう「戦力」に当たるか否かについて、抽象的な違憲判断を行わない、と宣言することで訴えを退けているし、日米安全保障条約により、米軍の駐留が憲法9条2項の戦力に該当して違憲となるのかについて、「一見極めて明白に違憲無効」と認められない限り裁判所の審査権の範囲外にあるとした。最高裁が自己抑制をすることで、憲法の議論が深まることも、憲法改正をすることもなかったのである。

このように、日本では、憲法の改正を経ずに、憲法以外の法制度の大変革をくり返し行ってきた。憲法改正をしなくとも済んだ理由の一つには、憲法の裁判規範性が弱いことが挙げられるが、それはすなわち、重要な制度改正が憲法違反とならないため、憲法の規範が制度変革と衝突することさえなかったことを意味する。このことは、憲法そのものの規範性も弱く理念的な性格が強いということを一方では表しているともいえる。

しかし、だからといって、憲法を改正すれば、憲法の規範性が強化されるわけでもないし、裁判規範性を強化すれば、ただちに問題が解決するわけでは全くない。

3 改正手続とその統制

ドイツの憲法改正の例を魅力的に思う人がいたとしても、はたまた、それを反面教師とすべきと感じる人がいたとしても、その改正手続の背後に、改正権限を統制する仕組みが控えていることをご存じだろうか。

＊1 国防制度のこの理解は、参照、クリストフ・シェーンベルガー（柴田尭史＝宮村教平訳）「憲法改正とその限界」鈴木秀美ほか編『憲法の発展Ⅰ』（信山社、２０１７年）99頁以下。

＊2 赤坂幸一「序」駒村圭吾＝待鳥聡史編著『「憲法改正」の比較政治学』（弘文堂、２０１６年）２２６頁以下。

＊3 近藤正基「ドイツにおける憲法改正の政治」前掲＊2・２４３頁以下。

＊4 以下の分析は、高田篤「日本における憲法改正とその限界」前掲＊1・１０９頁以下。ここでは、ほかにも、政党法制に関し、小選挙区選挙においては候補者届出政党に所属しない候補者が政見放送を使えないことや、衆議院解散に関し、69条解散が想定されていたにもかかわらず7条解散が行われた後、最高裁が統治行為論を用いて判断を回避した結果、その時々の政権が解散を随意に決定できてしまうことになったというように、憲法の運用の改編が不自然な形で行われているなどの重要な例が挙げられる。

先述のように、たしかにドイツの基本法の改正手続は日本よりも軟性である。しかし、その一方で、改正権限の統制がある。有名な統制は、基本法79条3項のいわゆる「永久条項」である。人間の尊厳、連邦主義、民主主義などの特定の内容は改正することが許されていない。そして、憲法改正は法律によってのみ行い得るとすることで（同法79条1項）、憲法改正を民主的意思形成に服させ、[*5]さらに、その法律を連邦憲法裁判所が審査することになる。

日本では、憲法改正の限界は憲法上明文で規定されてはいない。しかし、長らく改正の限界については議論されてきており、具体的な解釈論としては、まさにこれから展開されねばならない重大な課題である。そのうえ重要なのは、裁判所による憲法の統制強化である。憲法についての認識を深め、その規範性を高めるはたらきを、裁判所自身が自覚して、判断を行っていかねばなるまい。このような改正の実態と統制の双方をふまえた憲法改正の手続を準備しなければ、憲法改正の内容の議論も現実的とはいえないのである。

＊5　Horst Dreier, Art. 79. I, in: ders.（Hrsg.）, GG Kommentar (2015) Bd. II, 3. Aufl., Rn. 21.

第６章　統治機構改革

奥村　公輔

１　はじめに

わが国においては、確かに憲法典（日本国憲法）はその施行以来一度も改正されていないが、「この国のかたち」[*1]は70年前と随分と変わっている。それは、形式的意味の憲法と実質的意味の憲法とが区別され、実質的意味の憲法の改正によって、「この国のかたち」は変わってきているからである。

まず、「形式的意味の憲法」とは、特定の制定法または法文書のうち、その表題・内容・効力とい

＊1　憲法学において佐藤幸治によって用いられた「この国のかたち」という用語は、司馬遼太郎『この国のかたち⑴〜⑹』（文藝春秋、１９９０-１９９６年）に準拠している。詳しくは、佐藤幸治『日本国憲法と「法の支配」』（有斐閣、２００２年）１９１-２０８頁。

った外形的・形式的な特徴から、国の基本法と位置づけられるものを指す。一方で、「実質的意味の憲法」とは、規範の存在形式が成文であるか否かを問わず、およそ国家の構造・組織および作用の基本に関する規範一般を指す。日本国憲法はわが国における形式的意味の憲法にあたるが、「この国のかたち」は形式的意味の憲法ではなく、実質的意味の憲法によって形成されている。実質的意味の憲法には、形式的意味の憲法に加え、最高裁判所の憲法判例、憲法附属法、[*2]自律的規則[*3]などが含まれる。とりわけ、統治機構に関しては、憲法附属法の重要性は高く、日本国憲法の下では、憲法附属法によって統治機構改革がなされてきた。これは、ある論者によれば、「憲法改革[*4]」と呼ばれるもので、たとえば、衆知の1990年代以降の政治行政改革、司法制度改革はすべて憲法附属法によって行われている。それゆえ、一度の憲法改正がなくとも、「この国のかたち」は70年前と大きく変容したのである。[*5]

「形式的意味の憲法」たる日本国憲法における統治機構に関する多くの規定は、抽象的で曖昧である。そこで憲法附属法という法律によってわが国の統治機構構造は具現化されている。したがって、統治機構改革を検討するとき、まず重要なのは、その改革の本質は何かということであり、次に、その改革は本当に必要なのか、そうだとすれば、憲法典の改正を必要とするのか、憲法附属法という法律の改正で事足りるのか、あるいは、むしろ法律の改正によらなければならないのか、ということである。このような視点に立ちつつ、憲法改正による統治機構改革について、現在の諸政党が取り上げている①参議院の地域代表化、②内閣の衆議院解散権の制約、③首相公選制の導入の3点について検討する。

2　参議院の地域代表化

参議院改革は以前から主張され、今日においては参議院を「地域代表」として位置づける憲法改正が提案されている。地方分権の観点から唱えられることも多いが、特に自民党は参議院議員選挙（以下、参院選）における1票の格差の解消のために憲法改正によって参議院を地域代表と位置づけようとしている。この改革の本質は、参議院を地域代表とすること自体ではなく、参議院を地域代表とすることによって参院選においてあくまでも1票の格差の問題を生じさせないことにあるように思われる。このような憲法改正は必要であろうか。

＊2　通常の議会制定法で定められた国政上の規範でありながら、実質的意味の憲法に属する規範を含んでいるものまたはそれを含んでいる議会制定法。たとえば、国会法、内閣法、国家行政組織法、財政法、公職選挙法などが挙げられる。

＊3　国会両議院・司法裁判所のような憲法上の独立機関が定める運営・手続準則。たとえば、両議院の規則や最高裁判所の規則などがこれに当たる。

＊4　大石眞『統治機構の憲法構想』（法律文化社、2016年）49頁。大石は、イギリスの用法にならってこの用語を用いている。

＊5　一方で、憲法典の条項を修正・削除・追加する「形式的意味の憲法改正」と、憲法規範を変更（修正・廃止・追加）する「実質的意味の憲法改正」とを区別する見解もある。詳しくは、岩間昭道『戦後憲法学の諸相』（尚学社、2008年）117－129頁を参照。

参院選の制度

憲法43条1項は「両議院は、全国民を代表する選挙された議員でこれを組織する」と規定し、両議院の議員を「全国民の代表」と憲法上定義している。その一方で、同条2項は「両議院の議員の定数は、法律でこれを定める」と規定し、両議院の議員定数は法律により定められる。他方、47条は「選挙区、投票の方法その他両議院の議員の選挙に関する事項は、法律でこれを定める」と規定し、両議院の選挙に関する事項も法律により定められる。後二者の規定により、具体的には憲法附属法たる公職選挙法（以下、公選法）が衆議院議員および参議院議員の定数や衆議院議員選挙（以下、衆院選）および参院選の選挙区などを定めている。しかし、46条が「参議院議員の任期は、6年とし、3年ごとに議員の半数を改選する」と定めているため、公選法は憲法上の要請である半数改選制（その帰結として偶数定数制）を基軸に参院選を設計している。

参院選における投票価値の平等

ところで、憲法で国民に保障されている選挙権の平等は、投票価値の平等をも含んでいる。それゆえ、選挙区間において1票の格差が生じてはならない。実際、衆議院議員定数不均衡訴訟昭和51年違憲判決[*6]以来、衆院選および参院選のほとんどについて議員定数不均衡訴訟[*7]が提起され、1票の格差が争われ続けている。この点、最高裁は、衆院選および参院選のいずれの議員定数不均衡訴訟においても、国会の広い裁量権を認め、憲法14条1項の定める平等原則（人口比例原則）を唯一絶対の基準として1票の格差を審査しているわけではない。しかし、最高裁は、衆院選については平等原則を重視して厳しく１票の格差を審査している。他方、最高裁は、参院選については平等原則に基づき１票の格差について審査しているものの、その基準は衆院選よりも緩やかである。その理由として、参議院議員定数不均衡訴訟昭和58年判決[*8]は、参院選の半数改選制および偶数定数制のほかに、都道府県単位での選挙区選出の参議院議員の「都道府県代表的性格」を挙げている。[*9]都道府県単位での選挙区選出の参議院議員を「都道府県代表的性格」を有するとする最高裁の根拠は、公選法が参議院の選挙区選出議員については都道府県単位での選挙区を設定していることにある。換言すれば、憲法附属法たる

＊６　最大判昭和51・４・14民集30巻３号２２３頁。
＊７　裁判所法３条１項は、「日本国憲法に特別の定のある場合を除いて一切の法律上の争訟を裁判し、その他法律において特に定める権限を有する」と定めている。「法律上の争訟」とは、①当事者の具体的な権利義務ないし法律関係の存否に関する紛争であって、かつ、②それが法律を適用することにより終局的に解決することができるもの（最判昭和28・11・17行集４巻11号２７６０頁）とされ、これは主観訴訟と呼ばれる。一方で、「その他法律において特に定める権限」として、裁判所は客観訴訟を扱うこともできる。客観訴訟は、個人の権利義務とは関係なく、法令適用の客観的適正さを争う訴訟で、法律で特別に認められている場合に限り提起される。客観訴訟は、大きく民衆訴訟と機関訴訟に分けられ、現在民衆訴訟には地方自治法２４２条の２の定める住民訴訟と公選法２０３条・２０４条の定める選挙無効訴訟がある。衆院選・参院選の議員定数不均衡訴訟は、公選法２０４条に基づく選挙無効訴訟の方法によって提起されているため、形式的には客観訴訟であるが、主観的権利たる１票の価値の平等を争っているため、実質的には主観訴訟として機能している。
＊８　最大判昭和58・４・27民集37巻３号３４５頁。
＊９　厳密には、最高裁は、都道府県単位での選挙区選出の議員を「都道府県代表」、全国単位での比例選出の議員を「職能代表」と位置づけている。

公選法が参議院の選挙区選出議員については都道府県単位での選挙区を設定しているからこそ、選挙区選出の参議院議員は「都道府県代表」的性格を有しているのである。これは、憲法が二院制を採用していることから、多様な意見反映の方法を確保するために、参院選の制度設計については衆院選のそれよりも広い裁量権が憲法上国会に付与されていることの帰結である。このように国会のより広い裁量権の下で設計された参院選の議員定数不均衡訴訟においては、憲法上の要請である投票価値の平等はそれに重きを置く衆院選の議員定数不均衡訴訟に比して後退しているのである。

参院選における合区の導入

最高裁は現在、衆院選の投票価値の最大格差について2倍を基準に審査しているが、公選法は衆院選について小選挙区制を採用しているために[*10]、国会は最高裁の要請に応えるべく、最高裁の求める2倍未満に収まるような議員定数・選挙区割を実現しようと努力している。一方で最高裁は現在、前述の理由から参院選の投票価値の最大格差について5倍弱程度を基準に審査しているが、それまでの公選法の規定する都道府県単位の選挙区選出議員の選挙[*11]では1票の格差があまりに大きく、それを解消するため、国会は公選法を改正し、２０１６年の参院選からいわゆる合区を導入した。すなわち、「島根・鳥取」、「徳島・高知」を1つの選挙区としたのである。これによって、この両者の選挙区から選出された参議院議員は、もはや「都道府県代表」ではないことを意味する。一方、２０１３年の参院選の最大格差は4・77倍で、最高裁はこれを違憲状態としたのに[*12]対して、合区の導入によって、２０１６年の参院選の最大格差は3・08倍となり、最高裁はこれを合憲とした。[*13]

合区回避のための憲法改正提案

しかし、自民党はこのような合区を解消するために、憲法改正により参議院を「国民代表」ではなく「地域代表」（都道府県代表）として位置づけ、これにより参院選には人口比例原則を必要としない選挙制度を設計しようとしている。つまり、参院選における1票の格差の問題を生じさせず従来の都道府県を単位とする選挙区による選出方法を維持するために、参議院を地域代表とする憲法改正を試みようとしているのである。このような目的のために参議院を地域代表にすることに意義はあるだろうか。あるいは弊害をもたらすことはないだろうか。

参議院を「地域代表」とする憲法改正は必要か？

これを検討するために、まず参議院の憲法上の地位・権限を見てみよう。前述のとおり、現行憲法では、参議院議員は、たとえ最高裁が参議院選挙区選出議員に都道府県代表的性格を有していると認めているとしても、「国民代表」である。そして参議院は、他国の第二院と比べて憲法上の権限が強い。すなわち、ある程度の衆議院の優越は認められるものの、第二院たる参議院は、比較法的に見て、

＊10　衆院選の比例ブロック区間についても1票の格差が問題になるが、ここでは省略する。
＊11　参院選の比例代表選出は、全国を1つのブロックとするため、1票の格差の問題は生じない。
＊12　最大判平成26・11・26民集68巻9号1363頁。
＊13　最大判平成29・9・27裁時1685号1頁。

第一院たる衆議院と同程度の権限を有している。

もし憲法改正によって参議院を国民代表ではなく地域代表として位置づけるならば、衆議院とどのような関係になるであろうか。人口比例原則に応じた小選挙区および比例区から選出された全国民の代表たる衆議院議員から構成される衆議院と、人口比例原則を必要とせず都道府県単位で選出された地域代表（都道府県代表）たる参議院議員から構成される参議院は、ある程度の衆議院の優越は認められるとしても、参議院の権限についての憲法改正がなければ対等の権限を有している。だとすれば、国民代表たる衆議院と地域代表たる参議院との間で、すなわち「国民の利益」を重視する衆議院と「地域の利益」を重視する参議院との間で衝突が頻繁に起こり、両者が同程度の権限を有しているがゆえに、国政が停滞する可能性がある。したがって、衆議院と参議院の権限問題を考えることなく、ただ参議院を地域代表とする憲法改正は不要どころか有害といえる。

比較法的に見る第二院

ドイツは議院内閣制を採用しており、国会は第一院たる連邦議会と第二院たる連邦参議院によって構成されている。連邦参議院は地域代表型の第二院であるが、それはドイツが連邦制国家だからである。すなわち、ドイツにおける州は憲法上その地位と強い独自性が明確に認められているのである。さらに、ドイツの第二院たる連邦参議院の権限は、第一院たる連邦議会のそれと大幅に異なる。すなわち、地域代表型の第二院を有するドイツは連邦制を採用しており、それゆえに各州を代表する地域代表型の第二院たる連邦参議院は国民を代表する第一院たる連邦議会とは対等な関係ではないのである。一方で、日本は連邦制を採用しておらず、日本の都道府県についてはドイツの州のような性格が憲法上認められていない。それゆえ、連邦制国家ではない日本においてはドイツのような第二院を志向することはできない。

日本が連邦制国家ではないからといって直ちに第二院たる参議院に地域代表としての性格を憲法上付与しないという考えは早計ではあろうが、それ以前に、もし参議院を「地域代表」とする憲法改正を検討するのであれば、前述のように、第二院たる参議院にどのような権限を付与するのかを併せて慎重に考えなければならない。実際、同じ単一国家で議院内閣制を採用している国の第二院（イギリス：貴族院、フランス：元老院）は、第一院（イギリス：庶民院、フランス：国民議会）と対等な権限関係ではない。少なくとも、１票の格差の問題を解決するという参議院改革の本質とは直接関係のない目的のために、参議院を地域代表とする憲法改正を検討するのは筋違いである。

法律改正による参院選における間接選挙の導入——事実上の「地域代表」としての参議院

一方で、参議院を「地域代表」とする憲法改正を行うことなく、かつ、１票の格差の問題を生じさせることなく、他の方法で参議院に「地域代表的性格」を付与することはできないのか。前述のように、参院選について憲法が要請しているのは、半数改選制・偶数定数制のみである。つまり、これら以外の参議院議員選出方法は国会の広い裁量権の下で法律によって設定されるのである。敷衍すれば、憲法は参議院議員の直接公選を求めているわけではなく、法律によって間接選挙を導入することもでき、国会の広い裁量権を逸脱することなく、法律の定める間接選挙によって選出された参議院議員が憲法上の「全国民の代表」となることもできるのである。

フランスを例に挙げれば、第二院たる元老院の議員は、地方公共団体の議員のなかから選出されるため、フランスにおける第二院たる元老院の議員の選挙制度は間接選挙制度であり、かつ、元老院は地域代表的性格を有する第二院である。このようなフランスの第二院たる元老院についての間接選挙制度をわが国において法律により導入することは可能であろう。現在の参議院議員定数は242名であるが、たとえば、1回の参院選につき、各都道府県において都道府県議会議員とその市町村議会議員から2名ずつ選出し、憲法上の要請である半数改選制・偶数定数制から、参議院選挙における各都道府県の定数はそれぞれ4名として、総数188名とするという方法も考えられよう（これは同時に議員定数の削減ともなる）。参議院議員は、選出母体から見れば事実上の地位としては「地域代表」でありながらも、憲法上の地位としては「国民代表」たり得る。

このような解決策は、投票価値の平等の問題を生じさせない。というのも、そのような間接選挙における各都道府県の選挙人団（地方議会議員）間においては、憲法上の投票価値の平等はもはや要請されないからである。国民（実際は住民）にとっては、各都道府県議会や市町村議会における投票価値の平等のみが問題となるだけである。

以上のとおり、参議院の権限の改革を検討することなく合区解消のためにただ参議院を「地域代表」とする憲法改正は不要であるどころか有害である。1票の格差の問題を生じさせず、かつ、参議院が「地域代表的性格」を有するように参院選を設計したいのであれば、法律による参議院議員の選出方法の改正で十分に事足りる。このような法律の改正によって、憲法上国民代表でありながら事実上地域代表としての性格を参議院に付与できる。

いずれにせよ、ある改革の本質が別の事項を解決することにあるのであれば、そのような憲法改正はなすべきではない。

3　内閣の衆議院解散権の制約

旧民主党系議員のなかには、内閣の衆議院解散権（以下、解散権）の濫用を防止するために、憲法改正による統治機構改革の一つとして内閣の解散権制約を提案している者もいる。解散は「首相」の専権事項とされ、正統性のない解散が行われるようになっている現在においてこのような憲法改正は一見妥当に思えるが、本当にそうであろうか。

憲法における解散権規定

日本国憲法における内閣が解散権を行使できる要件についての明確な規定としては、69条しか存在しない。69条は「内閣は、衆議院で不信任の決議案を可決し、又は信任の決議案を否決したときは、10日以内に衆議院が解散されない限り、総辞職をしなければならない」と規定し、内閣が衆議院の信任を得られなくなったときの対抗措置として、内閣が解散権を行使できることを定めているのである。先の２０１７年９月28日衆議院解散まで、戦後24回の衆議院解散が行われているが、そのうち内閣不信任決議案が可決されて衆議院が解散されたのは４回のみである。[*14] それ以外の解散は７条に基づいて行われている。[*15]

7条柱書は「天皇は、内閣の助言と承認により、国民のために、左の国事に関する行為を行ふ」と定め、その上で3号が天皇の国事行為として「衆議院を解散すること」を挙げている。天皇は「国政に関する権能を有しない」（4条1項）ため、天皇の国事行為はすべて形式的・儀礼的行為である。この形式的・儀礼的な国事行為を行うためには、内閣の助言と承認による実質的決定が必要となる。7条に基づく解散は、この内閣の助言と承認を憲法上の根拠としている。すなわち、内閣が政治状況に鑑みて衆議院解散が必要と考えれば、内閣は天皇に対する「助言と承認」によって、69条の場合に限定されず衆議院を解散できるのである。この「7条解散」が政治実務上常態化していることを背景として、憲法改正による内閣の解散権制約が主張されている。

解散＝「首相」の専権事項？

ところで、天皇に対する「助言と承認」は「内閣」によって行われるにもかかわらず、解散はとりわけ実務上「首相」の専権事項といわれる。なぜこのようにいわれるのか。

日本国憲法は、内閣の職権行使の方法を定めていない。内閣は首相を含めたすべての国務大臣の合議体であるが、内閣の職権行使の方法は、憲法附属法たる内閣法によって定められている。すなわち、内閣法4条1項は「内閣がその職権を行うのは、閣議によるものとする」と定め、内閣の職権行使は合議体たる内閣の会議である「閣議」によってなされる。ただし、内閣法自体は、閣議の構成員や運営方法などについて定めていない。閣議は、明治以来慣行によって運営されており、閣議における議決方法として全員一致制が採られている。これは少人数から構成され、時勢に合わせて迅速に行動しなければならない内閣の統一的意思形成を可能とするためである。この点、解散に関する天皇への「助言と承認」も内閣の職権行使であるから、閣議で全員一致によって議決されなければならない。それゆえ、解散権はあくまでも「内閣」という合議体の専権事項である。

しかし、憲法68条は「内閣総理大臣は、国務大臣を任命する。但し、その過半数は、国会議員の中から選ばれなければならない」（1項）、「内閣総理大臣は、任意に国務大臣を罷免することができる」（2項）と定めている。すなわち首相は、憲法上、国務大臣の任免権を有している。したがって、解散についての天皇への「助言と承認」について反対する国務大臣が存在し、閣議において全員一致が得られないとしても、首相はその解散に反対する国務大臣を罷免し、解散に賛成する者を新たに国務大臣として任命すれば、閣議における全員一致の賛成を得ることができる。このように憲法上国務大

＊14　内閣不信任案が可決されての衆議院解散の4つの例として、①1948（昭和23）年12月23日（対第2次吉田内閣）、②1953（昭和28）年3月14日（対第4次吉田内閣）、③1980（昭和55）年5月19日（対第2次大平内閣）、④1993（平成5）年6月18日（対宮沢内閣）。なお、②～④については、解散詔書に「69条により」という文言は挿入されていない。佐藤幸治『日本国憲法論』（成文堂、2011年）479頁。また、2012年11月16日までの22回の衆議院解散について、詳しくは、大石眞『憲法講義Ⅰ〔第3版〕』（有斐閣、2014年）XV頁を参照。

＊15　なお、衆議院解散が行われず、衆議院の任期満了（1976年12月9日）により衆議院議員総選挙が行われたのは、戦後1回（1976年12月5日実施の第34回衆院総選挙）のみである。

臣の任免権が首相に担保されているからこそ、首相は内閣のリーダーであり、[16]閣議においてイニシアティブを採り、解散についても実質的な決定権を有しているのである。とはいえ、憲法7条は解散についての「内閣」の助言と承認を求めているのであって、憲法の規定上解散権は合議体たる「内閣」の専権事項である。翻せば、合議体たる内閣の専権事項たる解散について閣議においてその実質的決定権が首相に担保されているのにすぎないのであって、憲法の規定上解散権は「首相」の専権事項ではない。

憲法解釈上の内閣の解散権制約

すでに見たように、実務上では7条に基づいて解散権が内閣（実際には首相）によって自由に行使されているが、学説上、憲法の規定には何らの制約も記載されていないとしても、憲法解釈上内閣の解散権に制約があると考えられている。すなわち、内閣が衆議院を解散できるのは、①衆議院で内閣の重要案件が否決され、または審議未了になった場合、②政界再編等により内閣の性格が基本的に変わった場合、③総選挙の争点でなかった新しい重大な政治的課題に対処する場合、④内閣が基本政策を根本的に変更する場合、⑤議員の任期満了が接近している場合などに限られるとされている。[17]とはいえ、このような制約はあくまでも学説上主張されているだけで、実務上かような要件に該当しない解散が行われている。だとすると、憲法改正によって内閣が解散権を行使できる要件を定め、内閣の解散権制約を憲法に規定することは有意義に見えるかもしれない。

解散権制約規定は憲法改正によって実現すべきか？

内閣の解散権があまりに自由に行使されていることに鑑みれば、内閣の解散権を明文で制約すること自体、すなわち、一定の要件を満たした場合にのみ解散できるように実定法で規定すること自体について反対する者はいないであろう。問題は、それを憲法改正によって実現すべきか、法律によっても実現できるか、あるいは、法律によって実現すべきかである。

内閣の解散権制約における本質は、憲法69条の定める場合以外の解散が内閣によって自由に行使されないように実定法において規律することである。解散権が議会による内閣不信任に対する対抗措置として観念されてきたことに鑑みれば、69条に基づく解散権こそが憲法上の本来の解散権である。すなわち、衆議院による内閣不信任決議権とそれに対応する内閣の解散権とがそれぞれ憲法上拮抗する権限である。では、それ以外のいかなる場合に内閣が解散権を行使できるかは、どのように実定法上規律すべきか。

衆知のとおり、憲法典は国民によって公権力に課せられるルールである。もし憲法典が衆議院による内閣不信任決議以外の場合の解散権制約事項を定めることになれば、公権力たる議会と内閣との関係について内閣の不利なように制約し、内閣の解散権を過度に制約することにすらなり得る。もちろ

＊16　明治憲法下では首相に国務大臣の任免権が付与されていなかったため、首相は他の大臣との関係においては同輩中の首席にすぎなかった。

＊17　芦部信喜＝高橋和之補訂『憲法〔第6版〕』（岩波書店、２０１５年）３３５頁。

ん行政が肥大化した現代においては、行政を抑制することは重要なことであるが、憲法上独立した機関である議会と内閣の相互の拮抗関係に関する権限に関して内閣のそれのみを憲法典で一方的に制約することは妥当とはいえない。

これに対して、法律によって内閣の解散権を制約することは[*18]、議会が法律によって内閣に解散権行使のルールを課すことになる。憲法上内閣には閣議運営自律権があると解されているが、内閣がいかなる場合に衆議院を解散できるかを議会が法律によって規律することは、内閣の閣議運営自律権の侵害にはならない[*19]。むしろ内閣が議会（正確には衆議院）をいかなる場合に解散できるか議会自身が法律においてを定めることこそが、権力分立の観点からも望ましい。また、法律改正は憲法改正に比べれば容易であるから、その法律上の解散権制約規定が時宜に適わなくなったとしても、議会自身が法律を改正することにより、迅速にかつ時宜にあわせて内閣の解散権を再度制約することができる。

この改革における本質は、憲法69条に基づかない内閣の解散権を実定法において制約することである。法律により解散権を制約すれば、衆議院の内閣不信任への対抗措置として憲法69条の定める憲法上の原則的な解散権と、その例外として認められる法律上の解散権が併存することになる。原則として憲法上の解散権を行使し、例外的に法律上の解散権を行使するという制度は、議会の信任の下に内閣が存在する議院内閣制に適合的ではないか。

4　首相公選制の導入

首相公選制とは、内閣のリーダーである首相を国民が直接選ぶ制度である。日本国憲法では、首相は国会の指名に基づいて天皇によって任命され（6条1項）、首相の指名は国会議員のなかから国会の議決によって行われる（67条1項柱書）。現在、日本維新の会が憲法改正による首相公選制の導入を主張しているが、首相公選制は必要だろうか。

首相公選論の提唱

首相公選制を導入すべきという議論を「首相公選論」というが、わが国において最初に首相公選論を提唱したのは、1945年12月に幣原内閣の憲法問題調査委員会において「憲法改正に関する意見書」を提出した野村淳治東京大学名誉教授であるといわれている。すなわち、日本国憲法制定前から首相公選論は存在していたのである。その後、中曽根康弘元首相が1961年に直接の国民投票によ

＊18　法律で解散権を制約している国として、イギリスが挙げられる。かつてイギリスでは、内閣の解散権は自由に行使できたが、現在は、法律が解散権を制約している。ただし、イギリスには憲法典がなく、わが国とパラレルに論じることはできない。

＊19　内閣の活動方法と法律との関係に関して、詳しくは以下を参照。奥村公輔『立法手続と権力分立』（信山社、2016年）214‐218頁。

る首相公選制を提唱したことで、首相公選論は広く知られるようになった。そして、小泉純一郎元首相は首相在任時の２００１年に私的諮問機関として「首相公選制を考える懇談会」を発足させ、首相公選制や首相と国民との関係を検討し、具体的提案をすることとした。12回にわたる会議の結果を踏まえ、２００２年８月７日、「首相公選制を考える懇談会」報告書が小泉首相（当時）に提出された。この報告書では首相公選制に関する３つの案が示された。[*20]

首相公選論の前提としての議院内閣制

ところで、首相公選論は、国家元首が大統領であれ君主であれ議院内閣制を採用している国においてのみ問題となる。というのも、アメリカ型の大統領制を採用している国では、首相は存在せず、国家元首たる大統領が国民によって直接選出され、行政のリーダーとなるからである。この点、首相という役職はもともとイギリスの国王（国家元首）を補佐する存在として置かれたものであり、[*21]首相は国家元首の下で議会に責任を負う。現在のフランスやドイツには大統領がいるが、このこと自体は大統領制を意味せず、単に共和制国家であることを意味するにすぎない。すなわち、フランスやドイツには、大統領の地位や権限にそれぞれ違いはあるものの、議会に依拠した内閣が存在しており、その内閣を率いるのが首相なのである。端的にいえば、フランスやドイツは、議院内閣制を採用しているのである。[*22]国家元首が大統領であれ君主であれ、一般に首相は議院内閣制の下でしか存在しない。

首相公選制の問題点――イスラエルでの失敗

２０１７年現在、首相公選制を導入している国はないが、イスラエルは、議院内閣制を採用しており、かつ、かつて首相公選制を導入していた。すなわち、１９９２年から２００１年までの間、大統領を国家元首とする議院内閣制の下で首相公選制が導入されていたのである。*23

まず、イスラエルは、首相公選制を導入する狙いとして、①首相の指導力確保・強化、②二大政党制の実現・安定、③小会派の淘汰・排除を掲げていた。そこで、１９９２年、基本法（イスラエルにおける憲法典に相当するもの）が改正されて首相公選制が導入された。そして１９９６年に初めて首相選挙が行われ、ネタニヤフ首相が初めての公選首相に選出された。

しかしながら、イスラエルでは、首相公選を行うことによって、⑴首相指導力の弱体化と機能不全、⑵小党乱立状態の悪化という政治的帰結に至った。その要因として以下のことが挙げられる。すなわち、首相公選制導入前は、有権者は国会議員候補者リストへの１票のみを有していたが、導入後は、

＊20　詳しくは、大石眞ほか編著『首相公選を考える』（中央公論新社、２００２年）１５６-１９３頁。

＊21　イギリス議院内閣制の生成過程や議院内閣制の意義については、奥村公輔「議院内閣制」大林啓吾＝見平典編『憲法用語の源泉をよむ』（三省堂、２０１６年）２０２-２０６頁を参照。

＊22　フランスは内閣が大統領と議会に責任を負うため二元型議院内閣制を採用し、ドイツは内閣が議会にのみ責任を負うため一元型議院内閣制を採用している。

＊23　イスラエルの首相公選制に関しては、以下の文献を参照。池田明史「イスラエルの首相公選制――導入の経緯と蹉跌の背景」大石ほか編著・前掲＊20・１３９-１５３頁。

有権者は首相候補者への1票と国会議員候補者リストへの1票との合計2票を有し、それゆえ有権者の各2票の連動が想定された。しかし現実には、有権者は首相選挙と国会議員選挙とを切り離して、首相選挙では国益に関わる判断をし、国会議員選挙では有権者各個の個別利害を優先させた。その結果として、首相選挙では大政党の候補者に票が集中したのに対して、国会議員選挙では多様な政党・会派に票が分散したのである。

こうして、イスラエルでは首相の指導力は弱体化の一途をたどり、目指す方向とは逆の結果になってしまった。そこで2001年3月、首相公選制廃止を内容とする基本法改正が行われた。しかし首相公選制導入前に完全に回帰したわけではなく、(i)首相に付与された国会解散権、(ii)国会の首相不信任可決に必要とされる絶対過半数の要件、(iii)大統領の組閣指名者（首相候補者）が組閣に失敗すれば解散総選挙などの措置が残された。すなわち、イスラエルは、首相公選制を廃止した上で、議院内閣制の下での首相の指導力強化を目指したのである。

首相公選制導入の必要性？

わが国において、一般的には天皇が国家元首と解されており、内閣が議会に対して責任を負う（一元型）議院内閣制が採用されているため、首相公選制導入を議論する前提条件は存在している。日本維新の会が憲法改正によって導入を提唱している首相公選制の詳細がどのようなものか現段階では明確になっていないが、少なくとも首相を国民が直接選ぶことだけはその中核にある。

首相公選論の本質は、内閣のリーダーである首相の候補者を国民に明示して国民が首相を直接選ぶことで首相のリーダーシップを発揮させることにある。確かに、小泉政権までの内閣は短命内閣が多く、首相のリーダーシップが発揮された政権運営がなされていたとは言い難い。しかし、首相公選制の導入を検討させた小泉自身が強いリーダーシップを発揮するに至ったのは説明するまでもない。その後、第一次安倍内閣、福田内閣、麻生内閣、民主党への政権交代後の鳩山内閣、菅内閣、野田内閣はいずれも短命に終わり、首相がリーダーシップを発揮していたとはいえない。にもかかわらず、自民党の政権復帰後、第二次安倍内閣では安定した政権運営がなされており、首相のリーダーシップが強く（あるいは強すぎるほどに）発揮されている。つまり、現在の憲法および法律の制度の下でも首相は個人の手腕によって強いリーダーシップを発揮できるのであり、現在の制度の運用の仕方が重要である。むしろ首相公選制の導入によって民主的正統性を直接国民から調達した公選首相は、過度に強いリーダーシップを発揮してしまう可能性がある（実際、イスラエルでの首相公選制導入の際に、首相の独裁が危惧されていた）。一方、国民によって直接選ばれた首相の所属政党と議会（特に衆議院）の多数派政党が異なった場合、首相は議会多数派に配慮して組閣しなければならず、安定的な政権運営はできなくなる。近年の地方公共団体の首長選[*24]の投票行動を見ると、首相公選制を導入すれば既存の大政党に属さない人気政治家が国民の直接公選によって首相に選出され、議会多数派と対立し、国政が停滞する恐れさえある。

*24　地方公共団体の政治制度では、国政における議院内閣制と異なり、首長が住民によって直接選出される（日本国憲法93条2項）。

とまれ、首相のリーダーシップは国民の直接公選による民主的正統性に依るものではなく、首相となる人物の手腕に依る。首相公選制を導入したからといって首相がリーダーシップを発揮できるわけではない。現状整えられている制度をどのように運用すべきかをまずは検討すべきである。

5　おわりに

以上、統治機構改革に関する3つの論点についての憲法改正の是非を論じてきたが、再度統治機構改革における留意点を示しておく。統治機構改革を検討するにあたって重要なことは、まずその改革の本質が何かを考えること、次に改革の必要があるのかを検討することである。改革の必要性があるとすれば、憲法改正によるべきか、法律でも実現し得るか、法律によって実現すべきかを検討しなければならない。また、憲法および法律の運用の仕方をも考慮しなければならない。「この国のかたち」を形成しているのは、憲法典の規定だけではないのである。

〔2017年12月25日脱稿〕

第７章　憲法裁判所

高橋　雅人

1　はじめに

重い扉が開き、法服に身を包んだ裁判官がずらっと並ぶ。荘厳な法廷は、静かな張りつめた空気に包まれる。マイクを通して判決が響く。「訴えは適法である。法律は違憲である。」緊張が打ち破られたかのように、法廷が一瞬どよめく。「そうだ」という勝ち誇った気持ちが満ちる一方で、悔しさをたたえる政府関係者がいるのだ。傍聴席から「またか」という声が漏れ聞こえる。憲法裁判所ができて、数年来、なぜか違憲判決ばかりが積み重ねられる。

このような事態は、歓迎すべきなのだろうか。戦後の日本の最高裁判所が、法令違憲判決をほとんど出さず、司法は消極的だと従来いわれてきた。それだからといって、憲法裁判所を設置して、このような「積極的」な違憲判決を繰り返すことが喜ばしいことなのだろうか。あるいは、これと逆に、憲法裁判所ができることで「消極的」に「合憲」判決が繰り返されることがあってもいいのだろうか。裁判所による憲法判断は、違憲判決であれ合憲判決であれ、その対象となった国家行為に対する評価を裁判所が行うのであるから、政治部門（立法府や行政府）との緊張関係が生じるのである。

この問題について、ここでは、国家行為の憲法適合性の問題を審査する「違憲審査権」をいかなる機関が行使すべきなのかについてまず問いたい。そして、その判断する機関を設置する目的や、それを達成する方法や手続、そしてその機関をいかに組織するかを問い、違憲審査権の行使の効果について考えることで、憲法裁判所の有する問題点について考察したい。

2　憲法裁判所の設置？

２０１２年の自民党憲法改正草案では、「憲法裁判所の設置」は盛り込まれなかったが、２００４年段階での「憲法調査会中間報告」では、憲法裁判所などの憲法適合性審査を行う固有の審査機関の設置を検討すべきとしていた。他方で、旧民主党や日本維新の会は、政策方針や憲法改正案として、憲法裁判所の設置または設置検討を考えている。各党が憲法裁判所の設置を主張するときは、「違憲審査機能の拡充」を目的としていると思われる。憲法改正そのものに反対する党を除けば、憲法裁判所の設置はいかにも望ましいことのように多くの国民に映るかもしれない。もっとも、各党も、内部では、導入に消極的な意見や反対意見があり、一様ではない。憲法裁判所という機関を設置しても、そこで行われ得る権限行使は多種多様にあり得るからである。

従来、憲法学では、憲法裁判所を設置するには憲法改正をともなうため、改憲の突破口となることを避けたいという事情も指摘されていた。しかし、それは単なる憶見にすぎず、理論的とはいえない言明である。そもそも、憲法裁判所を導入したら、今の制度から何がよくなるのだろうか。まずは、憲法審査に関する現状の司法制度を確認しておこう。

3　司法権の概念

「最高裁判所は、一切の法律、命令、規則又は処分が憲法に適合するかしないかを決定する権限を有する終審裁判所である」と憲法81条にあるように、日本の司法制度では、国の行為が憲法に適合するかどうかの審査は、最高裁判所が行う。このことは文言上明らかだが、さらに、81条の条文解釈として、下級裁判所も行うことができるとされている。

では、司法システムは憲法上いかに構想されているのか。憲法76条1項は、「すべて司法権は、最高裁判所及び法律の定めるところにより設置する下級裁判所に属する」とする。この条文を解釈するにあたり、「司法権」とは何かが、まず問題となる。憲法76条1項の規定を受けて、裁判所法3条1項が「裁判所は、日本国憲法に特別の定のある場合を除いて一切の法律上の争訟を裁判し、その他法律において特に定める権限を有する」としている。通説によれば、ここでいう「法律上の争訟」とは、当事者間における権利義務あるいは法律関係の存否に関する具体的な争いを指すという。そして、これが憲法76条1項のいう「司法権」の内容を指すという。これに対して、最高裁判所は、警察予備隊違憲訴訟判決において、「我が裁判所は具体的な争訟事件が提起されないのに将来を予想して憲法及びその他の法律命令等の解釈に対し存在する疑義論争に関し抽象的な判断を下すごとき権限を行い得るものではない」とした（最大判昭和27・10・8民集6巻9号783頁）。こうして、通説も判例も、司法権は「具体的な争訟事件」を前提としなければ、裁判所が訴えを認めないとしている。したがって、76条1項の解釈によって、具体的な法律上の事件を解決するのに最高裁判所と下級裁判所が裁定する権限をもつ、ということになるのである。

もっとも、このような形式的な理解ではとらえられない違憲審査権が住民訴訟や選挙訴訟において実際に行使されている。すでに司法権の概念は通説の理解を超えていて、国家行為のコントロールを裁判所が行っているのである。そうしたなかで、司法権の概念定義についての有力な説として、具体的な権利侵害という前提を欠いている場合でも、裁判所が裁定を行うことができる、という立場が有力に唱えられるようになっている。*1

4　違憲審査権の主体

違憲審査権とは、国家の行為が憲法に適合しているかどうかを判断する権限である。この国家行為の憲法適合性判断については、いくつかとり得る選択肢がある。まず、一般的によく知られたあり方から挙げてみると、裁判所による事後統制としての違憲審査権の行使がある。現在、日本で採られている手法は、通常裁判所による違憲判断である。この違憲判決が、「消極的」にしか出されてこなかったということで、それを積極化して違憲審査権を拡充させる方法として、憲法裁判所の導入が検討されているわけである。その「消極性」の背後にあるのは、憲法判断自体を回避しようとする傾向や、立法・行政の決定が尊重されることなどが挙げられている。[*2] そこで、国家行為の憲法適合性判断について、大別して、①通常裁判所による違憲審査権行使による活性化、または、②特別な憲法裁判所による違憲審査権行使に期待する、という方策が考えられている。①については、現行制度の実践である。他方、②の憲法裁判所の導入だが、（その実体的な問題については、あとで問うことにするが、）その導入の法的手法については、さらなる選択肢がある。

憲法裁判所は、先の各党の議論が唱えているように、憲法改正による導入が一つの可能性としてあり得るが、もう一方で、法律の制定や改正によって導入するという手法もあり得る。憲法改正をすれば、同時に関連する法律の制定や改正が必要であるのに対し、憲法改正せずとも法律だけの制定・改正で可能なら、そちらを選択するほうが時間的コストも金銭的なコストも抑えられるのである。

憲法裁判所の機能の導入について、その是非を考えるなら、まず、憲法裁判所の設置による効果や、その機関のもつ性質について、次に、その機関の有する権限と、運用手続、機関の組織について総合

＊1　たとえば、高橋和之「司法の観念」同『現代立憲主義の制度構想』（有斐閣、２００６年）１４１頁以下。
＊2　戸波江二「憲法裁判の発展と日本の違憲審査制の問題点」ドイツ憲法判例研究会編『憲法裁判の国際的発展』（信山社、２００４年）37頁以下。

的に検討しなければならないだろう。

5　憲法裁判所の可能性についての検討

目的と効果

「憲法裁判所の設置に賛成？それとも反対？」と問われたら、なんと答えるだろうか。「賛成」。「反対」。いや、その二者択一の前に、考えなければならないことがある。憲法裁判所の設置によって、何を実現しようとしているのか、その趣旨・目的が大事である。そして、それがわかれば、次に、その目的を達成するために導入すべき手続の選択が必要になる。憲法裁判所と一口にいっても、いかなる制度を運用するのかは、一義的ではないのだ。

憲法裁判所を設置しようとする場合の目的とは、いったい何だろうか。設置が長らく主張されてきた背景には、最高裁判所による違憲判断の消極性がまず挙げられる。違憲判断を積極化することで、何を得ようというのだろうか。憲法裁判所の導入を推進する論者は、しばしば、「憲法保障」や「基本権保障」の拡充という効果を憲法裁判所に期待する。憲法保障というのは、客観的な憲法秩序を保障するために、国家権力のコントロールを目指し、「規範統制手続」を拡充させることである。対して、「基本権保障」は、主観的な権利保障の実現を目指し、「憲法異議」の制度の拡充を図る。ここに、憲法裁判所を導入する際にいかなる手続をとるのか、という問題がある。

手続

憲法裁判所においていかなる手続を使っていくのかは、導入の目的によって異なってくる。たとえば、今日のドイツでは、抽象的規範統制、具体的規範統制、機関争訟、憲法異議などの手続を連邦憲法裁判所は行っている。

漠然と「憲法裁判所を導入する」ということは具体的な意味をもたない。むしろ、いかなる機能を取り入れることによって、憲法裁判所のいかなる利点を獲得しようというのかが重要である。そもそも、新たな国家機関の、新たな権力を創設することについては、やはり、権力分立の点からも慎重にならざるを得ない。

憲法裁判所は、ドイツの手続をすべて導入するならば、その運用次第では、立法権を上回る権力機関となり得る。やはりドイツでは、「司法の政治化」が指摘され批判の的となっている。憲法裁判所はたんに法を語ること（Rechtsprechung ＝司法）だけではなく、法を創り出すこと（Rechtserzeugung ＝法産出）を行い得るからである。憲法裁判所の判決が、「一般的・抽象的な規範定立」となれば、立法と並ぶ作用を有することになるのである。[*3]

しかし、憲法裁判所の設置は、必ずしも「抽象的規範統制手続」の導入を意味するわけではない。

＊3　この点、オリヴァー・レプシウス「基準定立権力」マティアス・イェシュテットほか著（鈴木秀美＝高田篤＝棟居快行＝松本和彦監訳）『越境する司法』（風行社、２０１４年）２０１頁によると、ドイツ連邦憲法裁判所は自らの判決を「あたかも一般的―抽象的な規範のテクストであるかのように」解釈しているという。

抽象的規範統制手続というのは、具体的事件を前提とせずに、法律の憲法適合性を憲法裁判所が裁定する手続である。従来、日本では、先に示したように、具体的事件を前提としない限り、違憲審査権を発動しないことになっている。

そこで、憲法改正をせずとも、裁判所法という法律の改正をするだけで、憲法裁判所の機能を一部導入することが可能だとする議論がある。[*4] その手続は、通常の裁判所に提訴された具体的事件に適用すべき法律を、通常裁判所が憲法違反と判断し、違憲と判断したら、最高裁判所とは別個の憲法裁判を専門に行う「最高裁判所憲法部」に移送する手続である。これは、具体的事件を前提とするため、現在の付随的違憲審査制に包含される制度となる。したがって、憲法改正を経ずとも法律レベルでの改革で実現できる。上告審裁判所としての最高裁判所とは別個の「最高裁判所憲法部」を設置することを提案するこの議論や、最高裁判所の内部に憲法事件を専門に扱う第四小法廷を新設する、といった議論[*5]は、司法制度改革が進み、違憲判断が比較的行われるようになった今日、どこまで貫徹すべき議論かは措くとしても、法律家による誠実な裁判所改革の議論なのである。

以上より、憲法裁判所制度を導入するとしても、①憲法改正によるよりも、②法律の制定・改正によることが合理的であろう。ただ、②の手法も、違憲審査権に関する従来の憲法解釈を変更することになるため、憲法の体系的解釈の一貫性を考えれば、憲法改正という手法によって、根元から改正するほうが望ましいという反論があり得る。そこで、憲法裁判所の設置の是非をさらに考えるために、もう少し深く突っ込んで考えねばなるまい。

6　もう一つの憲法適合性審査

日本の裁判所が違憲判断に消極的だったのは、裁判所による違憲審査権の行使のような国家行為の事後的な憲法判断ではなく、国家行為の事前の統制が、日本では有効に機能していたからだ、と指摘されることがある。[*6] これは、国会の各院および内閣に設置された各「法制局」の働きによる。

事前審査、という点では、議会によって議決されたが大統領によってまだ審署されていない法律について、事前に「抽象的統制」を行うことができるフランスの憲法院の制度を挙げることができる。[*7] 憲法院というのは、法律を審査する権限を司法には与えないというフランスの伝統からして司法システムに属さず、[*8] 単なる「特別な機関」とされる。そのような機関の行った事前の手続については、法

＊4　畑尻剛「憲法裁判所設置問題も含めた機構改革の問題」公法研究63号（２００１年）１１０頁以下。

＊5　戸波・前掲＊2。

＊6　奥村公輔「立法過程における合憲性統制と合憲性確保」片桐直人ほか編『憲法のこれから』（別冊法学セミナー）（２０１７年、日本評論社）１６４頁以下。日本で行われている以下の「事前審査」についても参照。

＊7　オリヴィエ・ジュアンジャン（實原隆志訳）「フランスにおける憲法裁判権」比較法学45巻3号（２０１２年）73頁以下。

＊8　とはいえ、２００８年の憲法改正で、特殊な「具体的規範統制」が導入され、いわば「憲法裁判所化」している。

律を「無効」にできるわけでもないが、違憲と宣言された場合は、公布され得ないという効果をもつ。このような事前審査の制度は、日本においても――司法システムには属さない機関として――運用されている。

日本では、法律が国会に提出される前に、議員提出立法であれば衆議院法制局と参議院法制局という各院の法制局が、内閣提出立法であれば内閣法制局が、その法案を事前にチェックし、修正案を提示する。この段階で、憲法だけでなく、各種法令との整合性が、洗いざらいチェックされるのである。そして、法律案の骨子、大綱、条文配列の構成、用語などの細部にわたる審査が行われる。議員立法については、議院法制局は、立案と審査に携わり、内閣立法については、審査に携わることになる。それぞれ、法案の憲法適合性の審査を行い、法案が付託された委員会の審議過程では、合憲性を確保するための答弁を行う。

これらの立法の「事前審査」は、いわば「抽象的規範統制」であって、相当程度に厳格かつ緻密であるため、最高裁判所が違憲判決を出した数はわずかだと指摘される。したがって、この観点からすると、日本では、違憲判断に対して司法が消極的であるという側面はあるだろうが、内閣および議院の法制局による立法過程での合憲性の統制が働いていることになる。[*9] このように、日本の立法の質は、司法による違憲審査権の行使という事後審査だけでなく、議院および内閣の法制局による事前審査によって確保されている実態を考慮することが、司法改革には必要なのである。

７　組織のあり方

以上のように見てくると、憲法裁判所を設置するといっても、実は、それをいかに位置づけるのかさえ固定したものではないことがわかる。一見、「裁判所」という名称から、司法権の国家作用に位置づけるものと考えられるかもしれない。しかし、フランスの例もそうだが、ドイツの憲法裁判所の位置づけすら、学説上、争いがある。権力分立原理のなかに位置づけて、憲法裁判所の決定権を限定するアプローチの検討をする論者もいれば、これに対して、原則的に国家作用に憲法裁判を分類することさえ否定的な論者さえいるのである。[*10]

憲法裁判所を、国家機関としていかに位置づけるのかは、違憲審査権の機能や、憲法裁判官の選任手続と対応していなければならない。民主主義の観点を重視して、憲法裁判所を民主的にコントロールしなければならない、と考えるならば、裁判官の民主的正当化の要請が強く求められることになる。それには、人事の問題として、内閣の任命行為や議会の同意などを要するという仕組みが求められることになる。しかし他方で、立法権や行政権への憲法裁判所による統制権限を強化することが求めら

＊９　奥村・前掲＊６・１７１－１７２頁。
＊10　ドイツのこの議論については、vgl., Werner Heun, Funktionell-rechtliche Schranken der Verfassungsgerichtsbarkeit (1992).

れるならば、裁判官の独立の原則を強化することになるため、たとえば裁判所内部での組織編制（司法における人事権の掌握）が求められることになる。原理的には、前者は民主主義原理を、後者は法治国家原理を志向する。もっとも、前者は、裁判所への政治介入をもたらす意味で慎重でなければならない。多数派に対抗する少数派の基本権保障を重視するならば、必然的に後者の法治国家的な組織体制づくりがより適切になるのだろう。

したがって、憲法裁判所の組織づくりは、憲法裁判所の設置の趣旨・目的にかかってくることになるし、その正当化の必要性もそこにかかってくる。憲法保障にしても、基本権保障にしても、やはりいずれにおいても裁判官の独立は確保されねばならないことに変わりはないだろう。

8　まとめ

いよいよ、憲法裁判所の設置の是非について、判断する覚悟はできただろうか。

憲法改正の突破口として憲法裁判所の設置が使われているかどうかは別として、冷静に判断するには、制度導入の趣旨・目的を知り、そのための憲法裁判の手続の選択や、組織の編成のあり方について、まじめに議論されているのかを検討しなければならない。

冒頭の物語をどのように評価するのかは、各人の印象や政治的イデオロギーだけによるのではなく、むしろ、今後求められるのは、制度改革の目的と、その制度設計の利点およびリスクの精確な分析でなければならないだろう。各党の改革案は、その分析を国民が行えるだけの丁寧な説明を展開していなければならないし、それがない改革案は無に等しいか、あるいは、たんに判断を惑わすだけの有害なものかもしれない。今、その改革が必要なのか、適切な方向を向いているのか、設置の是非を判断する前に、改めて問うてほしい。

コラム　外国は憲法改正にどう向き合っているか4

フランス

奥村　公輔

1　フランスの憲法改正手続——憲法改正数が多いことを直ちに肯定的に評価できるか?

フランス１９５８年憲法（第５共和制憲法）の下では、憲法改正手続を定める憲法現89条に従って22回の憲法改正が行われている。[*1] それゆえ、フランスは多くの憲法改正が行われている国として認識されている。しかし、その実態に目を向ける必要がある。

*1　フランス第5共和制の下では24回の憲法改正が行われているが、現89条に基づく22回の憲法改正のほかに、憲法改正手続に関する旧85条に基づくもの（１９６０年6月4日）、11条に基づくもの（１９６２年11月6日）がある。24回の憲法改正について、以下を参照。小林公夫「フランスにおける憲法改正過程」レファレンス７８３号（２０１６年）１０９－１３８頁。

89条は、①首相の提案に基づく大統領と②国会議員に憲法改正案提出権を付与している。[*2] ①政府提出憲法改正案は、両議院（国民議会と元老院）で同一の文言により有効投票総数の過半数の賛成で可決された後に、大統領はその改正案について、(1)両院合同会議（すべての国会議員、すなわち、すべての国民議会議員および元老院議員によって構成される議会）を招集して審議に付すか、あるいは、(2)国民投票に付すかを決定する。憲法改正は、(1)の場合には、有効投票総数の5分の3の賛成があれば成立し、(2)の場合には、有効投票総数の過半数の賛成で成立する。一方、②議員提出憲法改正案は、両議院で同一の文言により有効投票総数の過半数の賛成で可決された後に、国民投票のみにかけられ、憲法改正は有効投票総数の過半数の賛成で成立する。すなわち、議員提出憲法改正案は両院合同会議に付すことができない。[*3]

前述した22回の憲法改正すべてが政府提出憲法改正案に基づくものであり、議員提出憲法改正案に基づいて成立した憲法改正は1件もない。それどころか、これまで多くの議員提出憲法改正案が提出されてきたにもかかわらず、両議院で同一の文言で可決されたことすらなく、当然国民投票にかけられたこともないのである。一方、22回の憲法改正はすべて政府提出憲法改正案に基づくものであるが、大統領が国民投票にかけて成立したものは1件のみで、[*4] それ以外の21件の憲法改正は大統領が両院合同会議の審議に付した上で成立している。[*5]

このようにフランスでは、憲法改正の回数が多いものの、憲法改正手続条項自体が、政府に憲法改正案提出権を認め、かつ、政府提出憲法改正案のみに特別の手続（両院合同会議）を認めており、それゆえ、政府（実際には大統領）は憲法改正案を国民投票にかける選択肢もありながら国民投票にかけることなく憲法改正が成立しているという事情がある。端的にいえば、フランスの憲法改正は政府主導で行われているのである。[*6] 主権の行使が憲法改正権に収斂するのであれば、たとえ大統領が直接公選によって選出されているとしても、すべての憲法改正が政府提出憲法改正案に基づくものであり、かつ、主権者たる国民が国民投票によって直接意思表明して成立した憲法改正が1件しかないというフランスの憲法改正の実態を、必ずしも肯定的に捉えることはできない。もちろん、憲法改正の内容

＊2　フランスの議会実務においては、憲法改正案は、憲法改正法律案として提出される。フランス憲法は、多くの規定で法律の制定手続を定めているが、憲法改正法律案は、法律案であるので、89条で定める特別の手続を除き、憲法上、法律の制定手続が適用される。ただし、議院規則でより詳細に法律の制定手続が規定されており、そこでは、憲法改正法律案にのみ適用される特別の手続も規定されている。

＊3　一方で、フランス憲法39条1項は、法律案提出権を①首相と②国会議員に帰属させている。ただし、同条2項によれば、憲法改正法律案を含む政府提出法律案は大統領が主宰する閣議（憲法9条）で審議決定されるため、大統領は政府提出法律案の提出に関与することになる。

＊4　大統領の任期を7年から5年に短縮する憲法改正（２０００年10月2日）。

＊5　フランスにおける政府提案による憲法改正について、詳しくは以下を参照。奥村公輔「フランスにおける執行府の憲法改正案提出権及び憲法改正案修正権」駒澤法学16巻4号（２０１７年）25‐85頁。

＊6　もちろん、政府提出憲法改正案は、議会で様々な修正が行われた上で可決されている。この点、大統領は、法律案であれ憲法改正案であれ、議会内の議事手続には関与できない。フランス憲法44条1項は、議事手続における修正案提出権を①内閣と②国会議員に帰属させ、実務上は法律案を所管する大臣によって修正案が提出される。実際、内閣自身が政府提出憲法改正案への修正案を提出することは珍しくない。奥村・前掲＊5・60‐61頁参照。

そのものの妥当性が憲法改正論議において最も重要なことである。しかしながら、誰が憲法改正案を提出し憲法改正がどのように成立したかという手続的側面も看過してはならない。

2　日本における憲法改正手続——内閣による憲法改正案提出を肯定的に評価できるか？

わが国において、日本国憲法96条は、憲法改正案が両議院で３分の２の賛成を得た後に、憲法改正が国民に発議され、国民投票において過半数の賛成を得たら成立することを規定している。しかし、衆知のとおり、国民投票の方法を定める法律が長らく存在せず、２００７年になってようやくいわゆる国民投票法が制定された。この国民投票法の制定において、国会法も改正され、憲法改正に関する諸規定が追加された。特に、議員提出憲法改正原案の提出のためには、通常の議員提出法律案とは異なり、衆議院においては１００人以上、参議院においては50人以上の賛成を必要とする規定が明記されたのが特徴的である（国会法68条の2）。

一方で、内閣の憲法改正案提出権については、国民投票法の制定の際、法律上明記されなかった。憲法においては、内閣の法律案提出権だけでなく、憲法改正案提出権も明示されていない。内閣に法律案提出権が憲法上認められているかどうかに関しては、学説では肯定説が支配的であり、実務上もその前提に立ち内閣提出法律案が憲法施行後一貫して提出され続けている。一方で、内閣に憲法改正案提出権が憲法上認められているかどうかに関しては、肯定説と否定説いずれも通説を形成するに至っておらず、また、実務上これまで内閣提出憲法改正案が提出されたことはない。しかしながら、内閣の法律案提出権に関しては、内閣法5条で法律上明記されているのに対して、内閣の憲法改正案提出権は、現在においてもなお法律上明記されていないのである。ただし、内閣（実際には内閣法制局）は、自身に憲法改正案提出権が憲法上認められていると解している。

この点、現行の憲法96条は、憲法改正を国民に発議するために憲法改正案について両議院でそれぞれ総議員の3分の2の賛成を要求しており、通常の法律案の可決より重い手続を課しているので、内閣が憲法改正原案を提出してもそれほど容易に両議院で議決され、憲法改正を国民に発議できるわけではない。また、日本においては、フランスの両院合同会議のような国民投票との二者択一の方法は取り入れられていないので、国民投票によって主権者たる国民は発議された憲法改正について必ず直接の意思表明ができる。したがって、内閣が憲法改正原案を提出しても、一見してさほど問題はないように思われる。しかし現在、96条の憲法改正の発議要件として両議院の総議員の3分の2の賛成から総議員の過半数の賛成へと改正する提案、すなわち、憲法改正における発議要件を緩和する提案もなされている。[*7] もしそのような憲法改正が実現すれば、通常の法律案の多くが内閣提出によるもので、そのほとんどが修正されることなく可決されていることに鑑みると、憲法改正案もまたその多くが内閣によって提案され、修正されることなく両議院で可決され、国民に発議されることになろう。すなわち、内閣に憲法改正案提出権が憲法上認められると解することができるとしても、96条の発議要件の緩和の実現と結びつけば、内閣主導の憲法改正発議が容易に行われることになる。国民投票による

---

*7　衆知のとおり、96条の発議要件を緩和する憲法改正自体行い得ないとする見解も多い。

国民の直接の意思表明が担保されているとはいえ、憲法改正の発議そのものが主権者たる国民からの民主的正統性が遠い内閣主導によって行われることは望ましいとはいえないのではないだろうか。

3　憲法改正はどのように発議し最終決定されるべきか?

繰り返し強調すれば、憲法改正の内容が最も重要な問題であるが、憲法改正がどのように行われるかという手続的側面もまた重要な問題である。その意味で、フランスにおいても憲法改正の真の必要性があるがゆえに憲法改正がなされた例も多くあるだろう。たとえば、憲法院による法律の事後審査を導入した２００８年７月憲法改正がその典型といえよう。しかし、フランスの憲法改正が政府主導で行われていることは事実であり否定できない。憲法改正は、その真の必要性があれば実現するはずである。だとすれば、主権者たる国民の代表である国会議員が憲法改正原案を提出し、国会主導で審議して国民に発議し、国民投票によって最終的に実現することが望ましいのではないか。わが国は、原案提出段階から最終決定まで政府主導で憲法改正を行っているフランスを反面教師として見るべきなのかもしれない。

第8章　緊急事態条項のための憲法改正は必要か

愛敬　浩二

１　何のための緊急事態条項か？

『日本国語大辞典』で調べると、「緊急事態」とは「重大で、対策を至急に必要とする事態」であると説明されている。[*1] ２０１１年3月の東日本大震災とそれに伴う福島第一原発事故。２０１５年11月のパリで１３０人の市民が無差別に殺された同時多発テロ事件。そして、２０１７年7月の北朝鮮による大陸間弾道ミサイル（ＩＣＢＭ）級のミサイル「火星14」発射以降の北朝鮮危機（行動を予測しがたい米国トランプ政権というリスクも含む）。日本を含めて世界には確かに、「重大で、対策を至急に必要とする事態」が存在する。このような状況の下で本章のタイトルの問題に興味をもって、自由民主

＊１　『日本国語大辞典　第二版』第4巻（小学館、２００１年）６５０頁。

党憲法改正推進本部（以下、「推進本部」と略す）の議論状況を参照したら、少々拍子抜けするのではないか。そこで最大の争点になっているのは、緊急事態条項の内容を国会議員の任期延長に限定するか否かという問題だからである。

推進本部が2017年12月に作成した「憲法改正に関する論点取りまとめ」では、①選挙ができない事態に備え、「国会議員の任期延長や選挙期日の特例等を憲法に規定すべき」との意見と、②諸外国の憲法に見られるように、「政府への権限集中や私権制限を含めた緊急事態条項を憲法に規定すべき」という二つの意見があり、「今後、現行憲法及び法律でどこまで対応できるのかという整理を行った上で、現行憲法体系で対応できない事項について憲法改正の是非を問うといった発想が必要と考えられる」とされていた。[*2] 推進本部の執行部（現在の本部長は細田博之）は当初、①案に限定したかたちでの意見集約を本命視していたが、2018年1月31日の全体会合において、出席議員から②案のように権限集中を求める意見が噴出したため（2月1日付の朝日新聞、毎日新聞の該当記事を参照）、3月7日の全体会合で執行部は、①案に絞った条文や②案を含む条文案を複数例示した。その際、細田本部長が有力候補としたのは、大地震等の大規模災害時に限定した上で①案と②案の両方を含む条文案であったと報じられている（中日新聞2018年3月8日朝刊）。

結局、3月25日の自民党大会で示されたのは、「有力候補」を具体化したものであり、「大地震その他の異常かつ大規模な災害」により、①国政選挙の「適正な実施」が困難である場合、特別多数決（各議院の出席議員の3分の2以上）で任期の特例を定めことができる、②「法律の制定を待ついとまがないと認める特別の事情」がある場合、「国民の生命、身体及び財産を保護するため」、内閣は（法律と同一の効力を有する）政令を制定することができる、という条文案であった。

自民党は２０１２年４月に「日本国憲法改正草案」（以下、「改憲草案」と略す）を決定し、そのなかで条文の形式を整えた緊急事態条項を提案していたのだから（98条・99条）、推進本部が相変わらずこのレベルの議論をしていた「もたつきぶり」には興味深いものがあるが、ともあれ、本章では、緊急事態条項のための憲法改正の要否をよく考えるために必要な「心構え」について説明する。[*3]

2　国家緊急権の定義の厳格化

通説的な見解によれば、国家緊急権とは、「①戦争・内乱・恐慌・大規模な自然災害など、②平時の統治機構をもってしては対処できない非常事態において、③国家の存立を維持するために、④国家権力が、立憲的な憲法秩序を一時停止して、非常措置をとる権限」と定義される（①〜④の記号は引用者のもの）。[*4] 本章の冒頭で『日本国語大辞典』による「緊急事態」の説明を紹介したが、「重大で、

＊２　本章で言及する自民党関係の資料は、次のホームページからダウンロードできる。http://constitution. jimin. jp/

＊３　本章の一部は、愛敬浩二「改憲問題としての緊急事態条項」論究ジュリスト15号（２０１５年）１４２頁以下、同「改憲問題としての国家緊急権を考える」関西学院大学災害復興制度研究所編『緊急事態条項の何が問題か』（岩波書店、２０１６年）79頁以下での拙論を利用している。

＊４　芦部信喜（高橋和之補訂）『憲法〔第６版〕』（岩波書店、２０１５年）３７６頁。

対策を至急に必要とする事態」への対応ならば、日本国憲法にも該当条文がある。衆議院の解散後、国に「緊急の必要があるとき」、内閣の求めに応じて、参議院が臨時に国会の権限を代行する緊急集会の制度がそれである（54条）。しかし、参議院の緊急集会は、前述の定義②（平時の統治機構をもってしては対処できない非常事態）に該当しないであろう。そこで、緊急事態条項のための憲法改正の必要性・合理性を慎重に議論・評価するための工夫として、定義②を厳格に解釈する立場から、英語のemergencyを「緊急事態」と「非常事態」とに訳し分けることを提唱したい。*5

この場合、「緊急事態」は平時の法制度・法運用とは異なる対応を必要とする事態を広く含むが、「非常事態」は「平時の統治機構をもってしては対処できない」程度の緊急事態のみを指す。emergencyに対処するための特別な立法や法運用が行われるとしても、「平時の統治機構」の下でそれが行われ、立憲的統制が十分に機能するのであれば、それは「緊急事態」であっても、「非常事態」ではないことになる。もちろん、「緊急事態」と「非常事態」の区別は相対的であるが、emergencyの下でも立憲的統制を可能なかぎり追求すべきと考えるのであれば、「緊急事態」と「非常事態」の区別に対して敏感である必要がある。逆にいえば、「緊急事態」と「非常事態」を区別せず、一切合切のemergencyへの対応を書き込んだ改憲提案については慎重な吟味を心がけるべきであろう。

3　憲法方式と法律方式

非常事態を憲法（特に硬性憲法）と法律のどちらで規律するのかという問題がある。論述の便宜上、前者を「憲法方式」、後者を「法律方式」と呼ぶことにしよう。推進本部の細田本部長は3月7日の全体会合の際、「予想せざる問題が起きたとき、政府が責任を持って対応できる体制をとっておく。憲法という基本法にきっちりと定めておく方が民主主義、統治の原理から見て適切だ」と論じたそうだが（中日新聞2018年3月8日朝刊）、残念ながら、そんなに単純な問題ではない。

硬性憲法は改正が困難なので、現代社会において想定し得るすべての非常事態に対して実効的な対処をしようとすれば、憲法上の緊急事態条項の定めは、非常事態の内容・性格・規模等については網羅的・一般的なものとなり、非常事態の際に大統領や内閣総理大臣が行使し得る権限は包括的なものとならざるを得ない。すなわち、憲法方式による緊急事態条項は、「全権委任規定」になりがちであるという問題がある。この問題を喝破したのが、カール・シュミットである。彼はこう論断した。「どのような時が危急事態かを明示することも、現実に非常な危急事態が生じた場合にそれを除去するためにとるべき措置の内容を列挙することも不可能で、非常時決定権限の要件も内容も必然的に無

＊5　同様の問題意識を示す例として参照、高田篤「非常事態とは何か」論究ジュリスト21号（2017年）4頁、奥村公輔「フランスにおけるテロ対策と緊急事態『法』の状況」論究ジュリスト21号（2017年）41頁の注1。

限定なものとなる。否そこでは法治国的意味の権限なるものはそもそも存在しえず、憲法はせいぜいそのような場合に誰が行動しうるかを定めうるだけである」[*6]。

しかし、戦後ドイツでは――シュミットの断定に抗するかのように――憲法方式による国家緊急権の制度化が極限まで追求された。1968年改正で導入されたドイツ基本法の「緊急事態憲法」は極めて詳細で精密な規定を設けており、「制度化された緊急権の完成形態」（水島朝穂）とさえ評されている[*7]。ただし、「制度化された緊急権の完成形態」と評される緊急事態条項の下でも、新たな緊急事態（1970年代の一連のテロリズム等）に関連して、超法規的緊急避難の法理が援用され、学説では不文の超憲法的国家緊急権の法理が論じられてきた点にも注意が必要である。ドイツの国家緊急権の制度・運用・理論に詳しい水島朝穂は、「緊急権の制度化を極限まで追求しても、『新しい事態』の出現によって制度化の枠を超える遠心・解離的傾向が不可避的に生み出されるという緊急権のアポリアに逢着する」ことを指摘する[*8]。重要な指摘といえよう。

以上のとおり、憲法方式による国家緊急権の実定法化は、「全権委任規定」になるか、「遠心・解離的傾向」をもつかという、いずれにしても、立憲主義憲法の維持・存続という観点から見て、深刻な問題を引き起こす可能性がある。また、法律レベルで詳細に設計された既存の非常事態法制を憲法条文に取り込むという改憲提案に対しては、憲法化の結果として当該法制は裁判所の違憲審査の対象ではなくなり、人権を制約された個人がその合憲性を争うことができなくなるという問題があることにも注意が必要である[*9]。

4　司法的コントロールの重要性

第二次世界大戦後、とりわけ１９８９年以降の東欧諸国の体制変革を経て現在では、グローバルなレベルで立憲主義に関するある種の共通理解が成立しつつある。諸個人の基本的人権を行政権からのみならず、立法権（＝議会）からも保護するため、いかなる制度設計をすべきかと考えるのが、現代の立憲主義の特徴である。[*10] ところで、「緊急事態条項は全権委任規定にならざるをえない」とシュミットが断じたとき（前節の引用を参照）、彼の念頭にあった「法」とは、憲法と議会制定法であったも

＊6　カール・シュミット（長尾龍一訳）「政治神学」長尾龍一編『カール・シュミット著作集Ｉ』（慈学社、２００７年）３頁。
＊7　ドイツ基本法35条、１１５条a以下。各条文は、たとえば、初宿正典＝辻村みよ子編『新解説世界憲法集』（三省堂、２０１４年）１８４頁、２１５－２１８頁に掲載されている。ぜひ一読して、うんざりするほどの詳細さを確認していただきたい。
＊8　水島朝穂『現代軍事法制の研究』（日本評論社、１９９５年）２０８頁。
＊9　村田尚紀『改憲論議の作法と緊急事態条項』（日本機関紙出版センター、２０１６年）34－35頁は、２０１５年のパリ同時多発テロ事件後にオランド大統領が目論んだ「緊急事態法の憲法化」のねらいはこの点にあったと論じている。関連して、自民党の石破茂・元幹事長が私権制限を盛り込むべき理由として、「現行法で対応できても、違憲訴訟を恐れて活用しない例がある」と主張したとの報道が注目される（読売新聞２０１８年２月１日朝刊）。

のと解される。たとえば、シュミットは、「正常時に効力をもつ法規たる一般規範は、絶対的非常事態を決して把握することはできず、従って真の非常事態の存否の決断を完全に基礎づけることはできない」と論じている。[*11] しかし、２００１年9月11日の米国同時多発テロ事件後の英語圏の緊急権論議で議論されたのは、「法規たる一般規範」という定義には解消しきれない「法」の問題であった。[*12]

立法府（法律）が事前に非常事態への対応措置を具体的に列挙することは不可能であるとしても、裁判所が事後に個別の措置の当否を判断することは――制度上の困難や政治上のリスクがあるとはいえ――可能である。長谷部恭男は、緊急事態条項を導入するのであれば、司法的コントロールの強化が不可欠であり、「高度の政治性」を理由として司法判断を回避する「統治行為の法理の廃棄が伴わなければ、そもそも筋が通らない」と論じているが、私も同感である。[*13] たとえば、ドイツ基本法の緊急事態条項には、連邦憲法裁判所によるコントロールを確保するための詳細な条文がある（１１５ｇ条）。

5　自然災害と緊急事態条項

推進本部が作成した「日本国憲法改正草案Q＆A　増補版」（２０１３年10月。以下、「Q＆A」と略す）は、「東日本大震災における政府の対応の反省」を、緊急事態条項新設の主な理由としている（35頁）。前述したとおり、細田本部長の下で推進本部は現在、大規模自然災害への対応に限定して条文案を集約しようとしていると報じられており、自民党大会でその方針が承認された。

しかし、このような改憲提案は、樋口陽一もいうとおり、「気の利かぬ冗談」というべきであろう。なぜなら、政府が《３・11》（福島第一原発事故とそれに起因する災害も含めて、東日本大震災をこう呼ぶ）に迅速・的確な対応ができなかったのは、憲法に緊急事態条項が無かったからだとは決していえないからである。樋口によれば、国家緊急権の必要性を論ずる意味があるのは、①外部からの武力攻撃のように「対応すべき対象が意思を持った主体としての敵」である場合と、②「対応しようとする主体が内側に敵を抱えている場合」（内乱が典型）である。自然災害の場合でも、政府・議会の側に②の条件があれば、国家緊急権の必要性を論ずる意味もあり得るが、《３・11》後の事態は「それとは正反対に、野党を含めて、災害への対応に『協力を惜しまない』ことを表明したほどであり、『但し首相が交替すれば』という条件をめぐって混迷しただけのことである」。[*14]

ここで確認しておきたいのは、憲法方式の緊急事態条項に反対する論者の多くが、立法レベルでの

＊10　立憲主義と国家緊急権の関係について、本文で論じた問題とは別に、「立憲主義を大切だと思うのであれば、緊急事態条項を設けるべき」との議論があるが、この論法の問題点については、愛敬・前掲＊１「改憲問題としての国家緊急権を考える」87頁以下を参照。

＊11　シュミット・前掲＊６・２頁。

＊12　愛敬浩二『立憲主義の復権と憲法理論』（日本評論社、２０１２年）２１２－２３５頁を参照。

＊13　長谷部恭男「日本国憲法に緊急事態条項は不要である」世界２０１６年１月号１４６頁以下。

＊14　樋口陽一「〈３・11〉後に考える『国家』と『近代』」駒村圭吾＝中島徹編『３・11で考える日本社会と国家の現在（別冊法学セミナー）』（日本評論社、２０１２年）１７３頁。

大規模自然災害に対する緊急事態法制の整備を容認している点である。よって、問われるべきなのは、大規模自然災害に対する緊急事態法制を整備するうえで、憲法方式の緊急事態条項が必要不可欠なのかという問題である。災害関連法規に長年関わってきた弁護士の永井幸寿によれば、自然災害に対する緊急事態法制は厳格な要件の下で極めて精緻に用意されている（災害対策基本法、大規模地震対策特別措置法、原子力災害特別措置法等）。《3・11》において国や自治体の対応に問題があった例もあるが、「これらは法律制度の適正な運用による事前の準備がなかったことが原因である」。よって、大規模自然災害との関係で憲法方式の緊急事態条項を新設する意味はないことになる。[*15]

6　なぜ「任期延長問題」が焦点となるのか？

「改憲草案」の緊急事態条項の一部を掲げておこう（傍線は引用者のもの）。

> **第98条（緊急事態の宣言）**　＊3〜4項は省略
>
> 1　内閣総理大臣は、我が国に対する外部からの武力攻撃、内乱等による社会秩序の混乱、地震等による大規模な自然災害その他の法律で定める緊急事態において、特に必要があると認めるときは、法律の定めるところにより、閣議にかけて、緊急事態の宣言を発することができる。
>
> 2　緊急事態の宣言は、法律の定めるところにより、事前又は事後に国会の承認を得なければならない。

第99条（緊急事態の宣言の効果）　＊2～3項は省略

1　緊急事態の宣言が発せられたときは、法律の定めるところにより、内閣は法律と同一の効力を有する政令を制定することができるほか、内閣総理大臣は財政上必要な支出その他の処分を行い、地方自治体の長に対して必要な指示をすることができる。

4　緊急事態の宣言が発せられた場合においては、法律の定めるところにより、その宣言が効力を有する期間、衆議院は解散されないものとし、両議院の議員の任期及びその選挙期日の特例を設けることができる。

一読して気づくのは、ほとんどの条文で「法律の定めるところにより」という文言が使われており、ドイツ基本法のように憲法方式で国家緊急権に対して精緻な統制を加えるという問題意識は皆無に等しい点である。[＊16] 要するに、「法律の定めるところにより」という文言を「連発」するくらいならば、憲法方式はとらず、法律方式をとって、個別の緊急事態ごとにその特性を踏まえて、可能なかぎりの立憲的統制を制度化しつつ、法制化するほうが合理的である。また、4で論じた「司法的コントロー

＊15　永井幸寿『災害をダシにした改憲』は間違いである」世界2015年7月号72－76頁。同著『憲法に緊急事態条項は必要か』（岩波ブックレット、2016年）も参照。

＊16　「法律の定めるところにより」という文言は、引用を省略した98条3項、99条2項、3項でも用いられている。

ルの強化」にはまったく関心がないことも確認しておこう。ともあれ、推進本部での議論の集約を経て、自民党が新たに緊急事態条項の条文案を示した際には、これらの観点からの吟味が必要であろう。

「改憲草案」の検討に戻ると、緊急事態条項を憲法方式で定める必要性の論拠となり得るのは、99条4項のみであると解される。というのも、衆参両院の議員の任期は憲法で明定されているからである（45・46条）。本章の冒頭で確認したとおり、推進本部を中心として緊急事態条項のための憲法改正を提案する人びとが、「緊急事態の下での国会議員の任期延長」の問題に夢中になるのもそのためである。ただし、①衆議院の解散後・総選挙前に大災害が起きても、参議院の緊急集会で対応できる（54条2項）。②両議院の定足数は各院の総議員の3分の1以上の出席なので（56条1項）、参議院の通常選挙直前に大災害が起きても国会は活動できる。③衆議院と参議院のダブル選挙直前に大災害が起きても、非改選の参議院議員で総議員の3分の1以上の出席を確保できるので、緊急集会で対応できる。もちろん、120人程度の参議院議員が重要事項を決めてよいのかという疑問をもつのは自由だが、「非常事態なのだから仕方がない」との応答が可能だし、憲法が参議院の緊急集会の制度を設けたのはそのためであると解される。

新聞報道によれば、「立憲民主党の枝野幸男代表や希望の党の細野豪志・党憲法調査会長がかつて任期延長の議論に前向きだったこと」から、「テーブルに載せやすい」との判断の下で推進本部の幹部は、任期延長問題に集約する案を「本命視」していたという（朝日新聞2018年2月1日朝刊）。もしそうだとしたら、安倍晋三首相がこだわる9条改憲論だけでは野党からの賛成が得られないので、ともかく改憲案の発議に持ち込むため、緊急事態条項という「危険な玩具」を弄んでいるとしか、私には思えない。

７　問うべきは提案者の国家観・憲法観、点検すべきは市民社会の民主的活力

小島慎司は、フランスの「非常事態の法理」についての標準的な判例・学説の内容を踏まえつつ、「それが良好に機能する前提」を考える論考の脚注において、きわめて重要な問題提起をしている。小島によれば、非常事態下の行政活動に対する統制について、「フランスでは、司法審査に代り、路上の市民が実効的なコントロールを行いがちであり、その先例として、非常事態での措置である１８３０年の七月革命に対する市民の蜂起（栄光の三日間）が記憶されている」[*17]。「路上の市民のコントロール」については、アルジェリア戦争という非常事態をパリで経験した憲法学者の回想が印象的である[*18]。

一方、ワイマール憲法の緊急事態条項が、ナチス政権とホロコーストをもたらしたという「ワイマ

＊17　小島慎司「非常事態の法理」論究ジュリスト21号（２０１７年）13頁注１。
＊18　樋口陽一『「共和国」フランスと私　日仏の戦後デモクラシーをふり返る』（つげ書房新社、２００７年）15－28頁。フランスの緊急事態条項を植民地支配（特にアルジェリア）の問題と無関係に論ずるべきでない点については、村田・前掲＊９・27－34頁を参照。樋口や村田の論述を理解するうえで、ギー・ペルヴィエ（渡邊祥子訳）『アルジェリア戦争』（白水社、文庫クセジュ、２０１２年）が参考になる。

ールの悲劇」については、ヒンデンブルク大統領が典型であるが、非ナチの保守派の多くがワイマール憲法それ自体を受け入れようとせず、議会制民主主義を嫌悪していた事実を記憶しておく必要がある。*19 そして、自民党の「改憲草案」や「Q＆A」を読んで直ちに気づくことは、彼らが日本国憲法の価値を認めず、日本国憲法の下での立憲民主政治の発展を軽視している事実である。一例として、「改憲草案」の前文を読んでみよう（①〜⑤の番号は便宜上、引用者が付したもの）。

①日本国は、長い歴史と固有の文化を持ち、国民統合の象徴である天皇を戴く国家であって、国民主権の下、立法、行政及び司法の三権分立に基づいて統治される。
②我が国は、先の大戦による荒廃や幾多の大災害を乗り越えて発展し、今や国際社会において重要な地位を占めており、平和主義の下、諸外国との友好関係を増進し、世界の平和と繁栄に貢献する。
③日本国民は、国と郷土を誇りと気概を持って自ら守り、基本的人権を尊重するとともに、和を尊び、家族や社会全体が互いに助け合って国家を形成する。
④我々は、自由と規律を重んじ、美しい国土と自然環境を守りつつ、教育や科学技術を振興し、活力ある経済活動を通じて国を成長させる。
⑤日本国民は、よき伝統と我々の国家を末永く子孫に継承するため、ここに、この憲法を制定する。

私の見るところ、前文改定の最大のねらいは、「利害・価値観を異にする諸個人が自らの自由・権利のよりより保障のために社会契約を結んで政治社会（＝国家）を形成し、自らの自然権の一部を政府に信託する」という「社会契約の論理」を否定することにある。現行憲法の前文は、「そもそも国政は、国民の厳格な信託によるもの」であると宣言することで、日本国憲法の下での日本国は、歴史的・人種的・地縁的で「自然」な「民族国家」ではなく、諸個人の人権保障という特定の目的をもった「人為的」な政治社会であることを明らかにしている。すなわち、日本国憲法は「社会契約の論理」を明文で受け入れているのである。しかし、「改憲草案」は「国民の厳格な信託」という文言を削除する一方、日本国の「民族国家」性を強調するものとなっている（①と⑤を参照）。そして、「基本的人権の尊重」は国家形成の目的ではなく、「和を尊んだ国家形成」との関係で副次的に保障されるものへと格下げされている（③を参照）。

国家緊急権の問題を考える場合にとりわけ重要なのは、提案者の側がその例外的権力を使って何を守りたいと考えているのかを見極めておくことである。同時に、国家緊急権に対する「路上の市民のコントロール」がどれだけ期待できるのかという問題、すなわち、市民社会の側の民主的活力についても慎重な評価が必要である。確かに、「非常事態」の観念を憲法条文から追い出してみたところで、私たちの経験から「例外状態」がなくなるわけではない。しかし、提案者の国家観・憲法観を吟味することなく、市民社会の側の民主的活力も点検せずに、緊急事態条項のための憲法改正に賛成するのは、主権者として賢明な態度とはいえまい。

＊19　石田勇治『ヒトラーとナチ・ドイツ』（講談社現代新書、２０１５年）の特に第3章を参照。

第９章　憲法尊重擁護義務と立憲主義

阪口　正二郎

１　自民党憲法改正草案と憲法尊重擁護義務

日本国憲法における憲法尊重擁護義務

日本国憲法は、98条で「この憲法は、国の最高法規であって、その条規に反する法律、命令、詔勅及び国務に関するその他の行為の全部又は一部は、その効力を有しない」として、憲法が最高法規であることを宣言する。同時に、99条で「天皇又は摂政及び国務大臣、国会議員、裁判官その他の公務員は、この憲法を尊重し擁護する義務を負ふ」と定め、広く国家権力を行使する立場にある者に憲法尊重擁護義務を課している。

憲法を最高法規とし、それを保障する手段として、公務員に憲法を尊重する義務を課すという、日本国憲法のやり方は、それほど珍しいことではない。

直接的なモデルは、日本国憲法に大きな影響を与えたアメリカ合衆国憲法に求めることができる。アメリカ合衆国憲法6条は、第2項で「この憲法、これに準拠して制定される合衆国の法律、および合衆国の権限に基づいて締結されまた将来締結されるすべての条約は、国の最高法規である。各州の裁判官は、各州の憲法または法律中に反対のことを定める場合であっても、これに拘束される」とし、第3項で「先に規定した上院議員および下院議員、州議会の議員、ならびに合衆国および州のすべての行政官および司法官は、宣誓または確約によって、この憲法を支持する義務を負う」と定めている。文言は多少異なるものの、憲法を最高法規とし、広く公権力を担う者に憲法尊重義務を課す形をとっている点で、日本国憲法と同じである。

ほかに憲法尊重擁護義務を憲法の明文で規定している例としては、イタリア憲法やドイツ憲法が挙げられることがある。イタリア共和国憲法は、91条で「共和国大統領は、就任に先立ち、国会の合同会議において共和国への忠誠と憲法の遵守を宣誓する」と定め、ドイツ連邦共和国基本法は、56条で「連邦大統領は、その職務を引き受ける際に、参集した連邦議会および連邦参議院の構成員の面前で、次のとおり宣誓を行う：『私は、私の力をドイツ国民の幸福のために捧げ、その利益を増進し、国民を損害から免れしめ、連邦の基本法および諸法律を守りかつ擁護し、私の義務を良心的に果たし、何人にも正義を行うことを誓う。神よ、ご照覧あれ。』」と定めている。こうしたイタリア憲法やドイツ憲法の規定の場合、明文で憲法尊重擁護義務が課されているのは大統領に限定されているが、それ以外の公務員が憲法尊重擁護義務を免れているわけではない。明文の規定があろうがなかろうが、公務員は憲法尊重擁護義務を負うというのが近代立憲主義の約束事である。

自民党草案における憲法尊重擁護義務

自由民主党は、２０１２年4月に「日本国憲法改正草案」（以下、「自民党草案」とする）を発表している。現在、安倍首相は改正に向けて邁進しており、具体的な項目として、①自衛隊の明記、②緊急事態条項の創設、③教育の無償化、④参議院選挙における「合区」の解消などが浮上している。個々の項目については、本書の対応する章を読んでいただきたい。２０１２年の「自民党草案」についても、個々の条項は重要な意味を有しているが、この「自民党草案」は、自由民主党がそもそも「憲法」をどのようなものとして考え、私たちをどのようなところへ導こうとしているのか、その本音が明瞭に示されている点で極めて重要である。そこで、憲法改正が議論される今、改めてその内容に注目しておきたい。

この「自民党草案」は、憲法尊重擁護義務に関して、重要な変更を加えている。「自民党草案」では、国歌緊急権に関連する諸規定を「第9章」として新たに設けた結果、「最高法規」の章は、現在の日本国憲法の「第10章」から「第11章」に移されている。「自民党草案」は１０２条で「憲法尊重擁護義務」を定めている。１０２条2項は、「国会議員、国務大臣、裁判官その他の公務員は、この憲法を擁護する義務を負う」と定めると同時に、新たに第1項を設けて、「全て国民は、この憲法を尊重しなければならない」と定めている。

現憲法と自民党草案における「憲法尊重擁護義務」の違い

「自民党草案」における憲法尊重擁護義務と現憲法における憲法尊重擁護義務の間には二つの違い

がある。第一は、現憲法が天皇や摂政に対しても憲法尊重擁護義務を課しているのに対して、「自民党草案」は天皇や摂政を憲法尊重擁護義務の名宛人から除外していることである。第二は、これとは逆に、現憲法が憲法尊重擁護義務の名宛人から「国民」を除外しているのに対して、「自民党草案」は102条1項で新たに憲法尊重擁護義務の名宛人に「国民」を加えていることである。

2　天皇および摂政が憲法尊重擁護義務を負わないのは当然？

自民党の説明

第一の点から考えてみよう。[*1] 自民党は「自民党草案」について広く国民に説明するために「日本国憲法改正草案Q＆A（増補版）」（以下、「Q＆A」とする）を公表している。「Q＆A」はあくまで「自民党草案」とは独立したもので、「自民党草案」の意図を説明するものにすぎない。仮に「自民党草案」どおりに憲法が改正されたとしても、「Q＆A」は国会の議事録とともに制憲者意図を示す一資料としての位置を占めるにすぎず、新たな憲法典を解釈する際の一資料としての位置づけ以上の重要性をもつわけではない。

そのことを前提としたうえで、第一の点に関する「Q＆A」の説明を見てみよう。「Q＆A」は、この点に関して、「現行憲法99条において、憲法尊重擁護義務の主体として天皇及び摂政が規定されていますが、政治的権能を有しない天皇及び摂政に憲法尊重擁護義務を課すことはできないと考え、規定しませんでした」（38頁）と説明している。

この説明は、おそらくは、そもそも、現憲法4条では、天皇や摂政は、「この憲法の定める国事に関する行為」を行うものの、「国政に関する権能を有しない」とされており、そのことは「自民党草案」においても変わりはない（「自民党草案」5条）ことを根拠にしている。天皇は、政治を左右する権力を行使する存在として想定されていないのだから、そうした天皇に憲法尊重擁護義務を課す必要はないというわけである。

天皇の権能に関する日本国憲法の立場

現憲法が、天皇を「国政に関する権能を有しない」とした意味をまず考えておく必要がある。一つは、歴史的理由であり、大日本帝国憲法の下で天皇が「統治権」の「総攬（そうらん）」者（明治憲法4条）とされ、それが軍部による独走を招き、悲惨な戦争を招いたことの反省による、もう一つは、そもそも天皇という地位は世襲（憲法2条）であり、憲法が前提とする民主主義や平等とは相容れず、憲法によって天皇制が認められるとしても、それはあくまで「飛び地」として認められるにすぎないことによる。こうした理由から憲法は天皇の政治的無力化を図り、「国政に関する権能」を否定していると考えられる。

こうしたことから憲法は、天皇が行うことができる行為を「この憲法の定める国事に関する行為」

＊1　本稿は、旧稿（阪口正二郎「自民党改正草案と憲法尊重擁護義務」法律時報編集部編『「憲法改正論」を論ずる』（日本評論社、2013年）105頁以下）に大幅に依拠していることをお断りしておく。

に限定し（4条、7条）、しかもそれを行うには「内閣の助言と承認」を求めている（7条）。天皇が行う国事行為のなかには政治的な意味を有する行為があるが、それに「内閣の助言と承認」を求めることで、天皇が独自に政治的権能を行使することを不可能にしている。

自民党草案における天皇

これに対して、「自民党草案」では、たしかに、天皇は上記のように「国政に関する権能を有しない」とされており、その点では現憲法を引き継いでいるものの、天皇が行う行為は、「国事に関する行為」には限定されず、「国又は地方自治体その他の公共団体が主催する式典への出席その他の公的な行為を行う」（「自民党草案」6条5項）と定められており、天皇が行える行為を「公的な行為」にまで拡大しており、しかもこの天皇が行う「公的な行為」については「内閣の助言と承認」（「自民党草案」の表現でいえば「内閣の進言」）が要件とされてない。もちろん、現在の憲法の下でも天皇は憲法に定められた「国事行為」以外の「公的行為」を行っており、それには「内閣の助言と承認」が必要とはされないというのが政府の解釈である。しかし、それには批判も多い。

「自民党草案」が現憲法に比べて、天皇の権限を拡大し、しかもそこに「内閣の助言と承認」が必要ではないという立場をとるにもかかわらず、天皇は「国政に関する権能」を有しないということのみを根拠に、天皇および摂政を憲法尊重擁護義務の名宛人から外すことは、やはり権力への懐疑が欠如していると評価されてもやむを得ないのではないか。最低限、「公的行為」を認めるのであれば、それについては「内閣の助言と承認」を要件とし、それを通じた国民による政治的コントロールを可能とすべきであり、そうした手当すらせずに、天皇および摂政を憲法尊重擁護義務の名宛人から解放することには大きな疑問がある。

3　国民が憲法尊重擁護義務を負うのは当然？

国民の憲法尊重擁護義務

ここまでの話は、天皇や摂政が有する権力――正確には、時々の権力が天皇や摂政を政治的に利用しようとする可能性――をどの程度のものと評価し、それに対してどの程度懐疑的に――警戒心をもって――接するべきかに関わる話であって、人によっては、おまえは天皇や摂政が有する権力を過大評価している、との批判があり得るかもしれない。

しかし、国民の憲法尊重擁護義務に関しては、話が異なると考える人がいてもおかしくない。国民が憲法尊重擁護義務を負うのは当然だと考える人がいてもおかしくはないからである。そうした人たちからすれば、現行憲法の99条が憲法尊重擁護義務の名宛人から国民を除外していることのほうがおかしく、「自民党草案」が102条1項で国民を憲法尊重擁護義務の名宛人に加えたのは、当然だということになろう。現に「Q＆A」でも、「憲法の制定権者たる国民も憲法を尊重することは当然である」（37頁）としている。

このように人々が考える根拠が二つ考えられる。第一は、法は規範で人の行為を規律するものであり、民法などの法律はわたしたちの行為を法的に規律する――たとえば、人は自分がなした「契約」

を遵守し、それに定められた内容を履行する義務がある――ものであり、憲法も法規範である以上、私たちがそれを遵守し、それに拘束されるのは当然だとするものである。第二は、現在の憲法が民主主義や自由といった最も重要で普遍的な価値を体現した特別な法であり、民法などの他の法律以上に、私たちはそれを遵守し、それを守るのは当然だというものである。

近代立憲主義に関する二つの「誤解」？

しかし、こうした理解に対しては、近代立憲主義というものについての二つの「誤解」に基づくものだとの応答が考えられる。

第一に、そもそも近代立憲主義の論理からすれば、憲法は、主権者である国民が国家権力を縛る目的で制定したものである。ロックによって示された社会契約論からすれば、国家は、人民が自分たちが有する権利を安全に享受するという目的のために、契約という人為的な手続によって創出したものであり、国家は自然的な存在ではなく、その目的も人民の権利や福利の保障に尽きる。したがって、主権者である国民は憲法を制定する主体であって、憲法に拘束される客体ではない。そうした憲法を尊重擁護する義務を負う客体は、国民ではなく国家権力ということになる。これが、近代立憲主義の憲法観である。「国民も憲法を尊重すべきことは当然である」との議論は、この主人と代理人との関係を曖昧にする。日本社会においては、権力をもつ者とそうでない者との関係が、同じ「日本人ではないか」という理屈の下に相対化されがちであるが、その相対化を許さないのが憲法尊重擁護義務の対象から「国民」を排除する近代立憲主義の立場である。

国民が憲法尊重擁護義務を負わない結果、第二に、近代立憲主義における「自由」は、近代立憲主義を批判することすら国民に「自由」として認める。近代立憲主義における「自由」は、人々に対して「自由」を認めるべきでないとか、「平等」を認めるべきではないという主張に対しても「寛容」であることを求める。「民主主義」を否定する人々に対しても民主主義を保障する。「自由」や「民主主義」を否定する人々に対しても、「自由」や「民主主義」を付与する。

近代立憲主義からすれば、主権者である国民には「自由」や「民主主義」を否定することも許されており、日本国憲法を全面否定することすら私たちには許されているはずであり、それが日本国憲法のなした選択であり、「自民党草案」は「誤解」に基づくものである。

近代立憲主義のパラドクスと「たたかう民主制」

しかし、ここで少し立ち止まって考えてみる必要がある。国民に対して憲法尊重擁護義務を課すかどうかは、実は「選択」の問題であるからである。

「自由」や「民主主義」を否定する人々に対してさえ「自由」や「民主主義」を認めるかどうかは、難しい「選択」である。一方には、「自由」や「民主主義」を否定する人々にまで、それらの保障を認めれば、それらの保障を悪用して、「自由」や「民主主義」を覆すことを許す可能性があるとの評価がある。テロを未然に防ぐためには、テロ行為を起こす可能性がある人々の自由を規制すべきであるという、よくある理屈はこうした可能性に対する評価を前提にしている。他方には、濫用されることのない「自由」や「民主主義」は真の「自由」や「民主主義」ではないとの評価がある。

これは、立憲主義が内包するパラドクスである。[*2] 先の「誤解」だとする応答は、実はこのパラドクスに対する後者の「選択」に基づく応答であり、必ずしも自明ではない。

前者の「選択」を示すのがドイツの「たたかう民主制」である。自由を保障したワイマール憲法の下で憲法上の自由を全面的に否定するナチス政権を生み出したとされるドイツが、戦後なした「自由の敵には自由を与えるべきでない」という「たたかう民主制」という考え方に立って、国民に対しても憲法忠誠義務を課すというのは、そうした選択の現れであると考えられている。[*3] ドイツ連邦共和国基本法は、表現の自由等の市民的自由を基本権として保障することを定めているが、同時に、18条において、そうした基本権を「自由で民主的な基本秩序に敵対するために濫用する者は、これらの基本権を喪失する」と定めている。18条以外にも、ドイツ連邦共和国基本法は、「教授の自由は、憲法に対する忠誠を免除するものではない」と定めているし（5条3項）、「自由で民主的な基本秩序を侵害もしくは除去し、またはドイツ連邦共和国の存立を危うくすることを目指す」政党を「違憲」とする条項（21条2項）が、「自由の敵には自由を与えない」との「たたかう民主制」の立場をとることを表明している。日本の憲法学では、「ワイマールのいましめ」に対する「ボンのそなえ」としての「たたかう民主制」という図式が示されてきた。[*4]

近時、欧米において、「たたかう民主制」という選択が再び注目を集めつつある。欧米において、近時、「たたかう民主制」が注目を集めている文脈は二つある。一つは、旧社会主義諸国における社会主義からリベラル・デモクラシーへの移行という文脈において、生み出されたばかりのリベラル・デモクラシーが脆弱であることへの懸念から、「不寛容な民主制」という形で「たたかう民主制」を採用すべきかどうかということが論じられている。*5 もう一つの文脈は、9・11テロ後という文脈において、テロ対策としての「たたかう民主制」という選択が注目を集めている。*6

---

*2　この点については、阪口正二郎「多様性の中の立憲主義と『寛容のパラドクス』」阪口正二郎編『岩波講座憲法5　グローバル化と憲法』（岩波書店、2007年）73-74頁以下参照。

*3　ドイツの「たたかう民主制」については、たとえば、石村修『憲法の保障——その系譜と比較法的検討』（尚学社、1987年）、山岸喜久治『ドイツの憲法忠誠——戦後から統一まで』（信山社、1998年）などを参照されたい。

*4　宮沢俊義「たたかう民主制」同『法律学における学説』（岩波書店、1968年）151頁以下、樋口陽一『国法学——人権原論〔補訂〕』（有斐閣、2007年）181頁以下など。

*5　*See, e.g.*, Gregory H. Fox & Georg Nolte, *Intolerant Democracies*, 36 Harv. Int'l L. J. 1 (1995).

*6　*See, e.g.*, András Sajó (ed.), Militant Democracy (Eleven International Publishing, 2004); *Symposium on Terrorism, Globalization, and Rule of law*, 27 Cardozo L. Rev. 1981 (2006).　筆者も含めてさまざまな国の政治学者、憲法学者が、自国における「たたかう民主制」の有無、その程度を検討した論稿を寄せている、Markus Thiel (ed.), The 'Militant Democracy' Principle in Modern Democracies (Ashgate, 2009) も、9・11テロが「たたかう民主制」に対する関心を呼び覚ましていることを序文において認めている。

4　改正草案と「たたかう民主制」

うか？

自民党に「たたかう民主制」を主張する資格はあるのか？

では、自民党の「自民党草案」は「たたかう民主制」へ転換すべきだという真面目な提言なのだろうか？

この点は、相互に関連する二つの視点から考えておく必要があると思われる。第一は、自民党に「たたかう民主制」への転換を提案する資格があるのかどうかという視点である。浮気性で知られる人から「今度は本気だから信じてほしい」といわれて、それを信じるのは、よほどのお人よしである。第二は、仮にあることを主張する資格がないにもかかわらず、それを主張しているのであれば、その主張には何らかの「裏がある」のではないかと疑ってみるという視点である。

まず、第一の点から検討すれば、自民党に「たたかう民主制」への転換を真面目に主張する資格はないと考えられる。この点に関しては、筆者は、「ナチズム体験への深刻な総括を踏まえたドイツの制度と、日本の戦争責任を認めたがらない安倍自民党の『改正草案』とを並べて論ずるのは、戦後ドイツの立憲主義に対する冒瀆というべきであろう」[*7]とする愛敬浩二の評価に同意する。筆者はかつて、英文の論稿においてではあるが、「ドイツと比較すると、日本の政府は戦前のファシズムという過去の克服に熱心であったわけではなかった。戦後の日本において『自由の敵』に対しては憲法上の自由の保障を拒否するということが二回あったが、その二回とは『公職追放』と『レッド・パージ』であり、両方ともGHQの指令に基づいて行われたものであった。日本社会はある種のたたかう民主制を経験したことがあると言えるかもしれないが、それは日本政府の決定の産物ではなく、占領権力の決定の産物であった」[*8]と指摘したことがある。また、別の論稿において、「戦後の日本において『たたかう民主制』が差し向けられるべき『自由の敵』『憲法の敵』があったとすれば、それは何よりも支配的権力であった」[*9]と指摘したことがある。

日本において「たたかう民主制」を真面目に問題にするのであれば、それは自民党にこそ向けられるべきものである。「自由の敵」であり続けてきた自民党が、自身にその刃が向けられる「たたかう民主制」の採用を真面目に主張するとは考えにくい。

自民党草案の狙い

だとすれば、自民党の主張には何か「裏がある」と疑ってみるのが賢明ではないか。西原博史が指摘しているように、国家だけでなく国民にも憲法尊重擁護義務を課すことで、近代立憲主義が前提にする国家と国民の関係に関する、主人は国民であり、国家は主人である国民の代理人にすぎないとい

＊7　愛敬浩二「憲法尊重擁護義務と国民」奥平康弘＝愛敬浩二＝青井未帆編『改憲の何が問題か』（岩波書店、2013年）254頁。
＊8　Shojiro Sakaguchi, *Japan*, in Thiel, *supra* note 6, at 228.
＊9　阪口・前掲＊2・90頁。

う考え方を曖昧にし、最終的に主客を逆転し、憲法を「国家を縛るルール」から「国民支配のための道具」にすること、[*10]これが「自民党草案」の真の狙いではないのか。そして「自民党草案」が国民に尊重擁護を義務として求める「憲法」とは、個人主義を排除し、「長い歴史と固有の文化を持ち、国民統合の象徴である天皇を戴く国家」である特殊日本の憲法に他ならない。「たたかう民主制」への転換の選択を求めるかのような外観を呈しつつも、実際にそこで求められている選択は、「たたかう民主制」の選択が求めるものとは似て非なるものだと考えられる。それは、いまだ脆弱ながらも日本国憲法の下でわれわれが獲得してきた近代立憲主義思想を廃棄することではないかと考えられる。

5　「たたかう民主制」は選択肢たり得るのか?

最後に、「たたかう民主制」という選択が、そもそも、現状において、立憲主義が抱える「寛容のパラドクス」に対する一つの応答たり得るかどうかという点についても検討しておく必要がある。この点に関して、最近、毛利透が極めて興味深い指摘をしている。[*11]毛利によれば、第一に、日本におけるこれまでの「たたかう民主制」をめぐる議論は、「ワイマアルのいましめ」に対する「ボンのそなえ」という有名な宮沢俊義の形容に示される図式を前提にしているが、[*12]この図式自体が「神話」にすぎない可能性がある。毛利によれば、ワイマール共和国は「自由の敵」に自由を認めていたわけではないし、それが原因でナチスの支配を許したわけでもなく、また戦後のドイツも、少なくとも現状においては、「たたかう民主制」とは程遠い状況にある。そして毛利によれば、第二に、そもそも「国内的平和の達成を背景として、戦後の普通の立憲主義国家同様、ドイツでも表現の自由への配慮が憲法上強く求められるようになった。今日の立憲主義国家では、『たたかう』それであれ『たたかわない』それであれ、許容できる自由制約は戦前とは比較にならないくらい狭まっている」[*13]。ここで毛利が「国内的平和の達成」とするのは、「言論活動をする者が暴力的手段を有しておらず、彼らが相当数の人々の自由な同意をとりつけなければ体制にとって真剣な脅威とはならない[*14]」状況である。したがって、毛利からすれば、「たたかう民主制」は、そもそもそうした「国内的平和」を達成した「今日の立憲主義国家」にとっては不要な選択肢である。また、毛利は、「現在の日本の社会は、自由な政治活動の保障をできる限り広く認めることができる程度の安定性を示しているのではないか[*15]」として、あえてこれを「幸福な状況[*16]」としている。

この毛利の議論は、日本も含めた、「戦後の普通の立憲主義国家」の現状において「たたかう民主

＊10　西原博史『自由と保護——憲法上の人権保障が意味するものをめぐって』（成文堂、2009年）222－234頁。
＊11　毛利透「自由『濫用』の許容性について」阪口正二郎編『自由への問い3　公共性——自由が／自由を可能にする秩序』（岩波書店、2010年）44頁以下。
＊12　宮沢・前掲＊4・160頁、161頁、164頁。
＊13　毛利・前掲＊11・64頁。
＊14　同70頁。
＊15　同71頁。
＊16　同72頁。

制」は選択肢たり得ないことを示している。それにもかかわらず、自民党が「自民党草案」において、「たたかう民主制」に近い提案を示しているのだとすれば、それは、毛利の言葉でいえば「上からのクーデタ」[*17]を、また石川健治の言葉でいえば、「立憲国家としての日本の根幹に対する反逆」[*18]を示すものに他ならないのではないだろうか。

＊17　同71頁。
＊18　石川健治「96条改正という『革命』」朝日新聞2013年5月3日朝刊13面。

コラム　外国は憲法改正にどう向き合っているか5

グローバル化する世界における憲法改正

江島　晶子

1　はじめに――改正から生じる結果の予想

どのような内容の憲法改正を何のために行い、どのような結果を企図しているのか。国の最高法を変えるということは、それに基づき下位法が変更され、法律に基づき仕事を行う行政の働き方が変更されることを意味する。憲法の抽象的文言の変更は、一見、大きな変更を意味しないように見えても、実は、法律はもとより、行政が実際に国民に提供するサービスの内容や質が変わるということを意味している。何も変わらないとすれば、それは必要のない憲法改正である。時間、費用、労力を注いだことの無意味さを後悔しないために、最初に目標（ここにはいくらでも美辞麗句を盛り込める）だけでなく、実際、当該改正がどんな効果を発揮するのか予め具体的に予想し、良い結果だけでなく、悪い結果も把握し、前者が後者を上回ればこそ制度改革を進めるべきである。これは組織が制度改革をするときの常識である。そもそも制度改革は、組織に何か問題があるから行うのであるから、悪い予想結果は一切ないというのは非現実的な予想であろう。

では、どのような視点から予想を立てるか。様々な視点が考えられるが、ここでとりあげたいのは、当該憲法改正が、外国、国際機関、そして広く「国際社会」からどのように受け止められるかという外的視点である（想定される憲法改正の内容の是非については他章に譲る）。もちろん、独立した主権国家として、日本国憲法の改正手続に基づき憲法改正を行うことは自由であり、外的視点など気にする必要はないという意見もあろう。しかし、第二次世界大戦後の国際社会においては、比較憲法の視点から見ても、国際人権法の視点から見ても、憲法が「一定の内容」を満たしていることは当然の前提となっている。人権保障、民主主義、法の支配が、各国の憲法の基本原理であると同時に、国際社会もこれを基本原理としてルール構築をしようとしているからである。よって、これらに基づき、各国の憲法改正は評価・批判の対象となる。とはいえ、そもそも国際社会とは何か。国際政治の現実を見れば国際社会は一枚岩ではない、国際社会とは、結局、「欧米社会」のことではないか、「一定の内容」は誰が決めるのか、など様々な批判が考えられる。そこで「国際社会」の内実を探ってみよう。

2 国際社会の目という視点

国際社会は、人権という分野においては、もはや「欧米社会」一辺倒ではないし、現実に誰が人権を保障するのかわからないという曖昧な国際社会でもない。いまや国連レベルだけでも９つのコアとなる人権条約が存在する。その中でも核となる自由権規約については170ヶ国が、社会権規約について167ヶ国が批准している。子どもの権利条約に至っては196ヶ国が批准している（国連加盟国数193ヶ国を超えるのは加盟国以外も批准しているため）。たとえば、日本は9つのコアとなる国連人権条約のうち8つを批准している。他方、主たる人権条約を批准している欧米諸国のなかで、アメリカ合衆国は社会権規約も子どもの権利条約も批准していないという点で突出している。人権条約は、法の下の平等、表現の自由、生存権といった日本国憲法にもあるような一般的人権規定にとどまらず、現代社会に存在する具体的な問題に即して、女性の権利、子どもの権利、移住労働者とその家族の権利、障害者の権利等を保障する一方、人種差別、拷問、強制失踪など人間にとってもっとも起きてほしくない人権侵害を禁止する。これを実現することが条約を締結した国家の義務である。

では、国家が義務を怠ったらどうなるのか。現在、国連には、国連人権理事会および各条約の下に設置された条約機関があり、定期的に各国の提出する報告書に基づき条約の履行状況をモニタリングする。そこに人権NGOが政府とは異なる視点から各国の人権状況に関するカウンター・レポートを提出し、条約機関に情報提供を行うという形で国連側の審査を活性化・実効化させている。また、個人が締約国の人権侵害を条約機関に通報する仕組みもある（締約国の承認必要）。さらに、アジア以外の地域では、地域的人権条約に基づいて人権裁判所を設置し、個人・団体による提訴を可能にしている。

こうした枠組の下では、ある国家が憲法改正によって今まで享受していた人権の水準を下げるのであれば、国際社会は警戒の目を持って当該国家を見る。たとえば、右傾化が指摘されるハンガリー政府による度重なる憲法改正（憲法裁判所の弱体化、ヨーロッパ基準と整合しない人権保障）は、各国や人権NGOの批判を惹起するだけでなく、ヨーロッパ人権裁判所の条約違反判決（憲法改正によって憲法裁判所長官のポストを失った者が条約違反を訴えた）*1やEU*2やヴェニス委員会による意見や修正勧告等を招来するにいたったばかりか、ハンガリーの通貨自体が下落するという現象まで生じた。*3後者は、市場も憲法改正に反応する例である。一方、たとえば、自民党の「日本国憲法改正草案」（2012年）が依拠する「西欧の天賦人権説に基づく規定は改める」という方針は、外国・国際機関・国際社会の目にはどのように映るであろうか。*4国際人権条約および比較憲法の観点から見ると、第二次大戦以降の人権保障の潮流に逆行するものと受け止められるおそれがある。それは本意ではないとすれば、危惧や批判に対応する合理的説明が求められよう。

人権というアイディアの発想の主たる源流は欧米にあるとしても、すでに世界中に広がり、かつ、それぞれの地域における固有性・独自性とぶつかりながら様々なヴァリエーションが生み出されている。国際システムはコアの人権内容を確立しつつ（たとえば拷問の絶対的禁止）、ヴァリエーションの部分については対話的構造のなかで議論を継続している（たとえばどの国も信教の自由は認めるが、保障する制度として政教分離を採用するかどうかは各国次第である）。よって、欧米一辺倒ともいえないし、国際社会は人権を実現する仕組みがないともいえない。ペニシリンは欧米の発明なので使わないというリアクションがあっただろうか。結核患者にしてみれば病気が治ることが重要であり、伝統的治療法であろうとも効かなければ意味がない。出自が欧米ということが人権の意味を減殺するものではない。

3　ご都合主義的な「加憲」の可能性

憲法に明文で規定されていない人権を新たに増やしていくという方針からの改正であれば、何を盛り込むかだけでなく、「何を落とすのか」という点にも注目できる。たとえば、プライバシーの権利、環境権（人権分野における改正案の筆頭）を保障することの重要性に異論はなかろう。しかし、そこで終わるのか。現代的人権問題はそれだけではない。たとえば、マイノリティの権利についてどのように憲法は向き合うのか（日本国憲法は、たとえば外国人、障害者、ＬＧＢＴＩといった集団に着目した保障規定を有しない）。ジェンダー・ギャップ指数（２０１７年）において１４４ヶ国中１１４位（前年１１１位）という低いランキングを甘受する日本では、法律レベルの対応だけでなく憲法的対応が必要

＊1　*Baka v. Hungary*, judgment of 23 June 2016.

＊2　ＥＵはＥＵの基本的価値に違反する締約国に対しては制裁措置をとることもできるが（ＴＥＵ7条）、現時点ではそうなる前に「対話」型のアプローチでの解決を目指している。なお、ＥＵ法違反を理由とする義務違反訴訟手続も開始されている。

＊3　Q&A：Hungary's controversial constitutional changes, BBC, 11 March 2013〈http://www.bbc.co.uk/news/world-europe-21748878〉.（インターネットのアクセス日は２０１８年3月30日である。以下同）

＊4　〈http://constitution.jimin.jp/draft〉および〈https://jimin.ncss.nifty.com/pdf/pamphlet/kenpou_qa.pdf〉（とくに13頁）

だろうか（たとえば、フランスは議会内における女性議員を増やすための立法を通すために、憲法改正まで行った）[*5]。世界の憲法を見回してみると、最近の改正には現代社会の問題への対応という観点から新しい人権が盛り込まれている。よって、今、その改正は本当に必要なのかを問ううえで、内容的に「何を無視していて、それはなぜなのか」ということに意味が生じる。そして、これも、比較憲法や国際人権条約というプリズムを通せばこそ出てくる視点である。

4　おわりに

21世紀のグローバル化の下で、人権は国家の専権事項ではなくなった。国内で起きていることは様々な情報媒体を通じてリアルタイムで国外に流れていく。しかも、企業の社会的責任（ＣＳＲ）を考える企業であれば（そして消費者・投資家が企業にそうあってほしいと願うのであれば）、他国であろうとも（そもそも経済のグローバル化によって自国・他国の区別は相対化されている）、人権侵害の有無に無関係ではいられない。こうした状況下では、どのような憲法改正議論をするかというプロセス自体が、日本がどのような社会なのかを外部に示す機会となる。21世紀において、「成熟した民主国家」とみなされている日本が、一定の時間、費用および労力をかけて示す憲法改正の内容が、国際社会、外国、そして他国の市民を「なるほど」と思わせるような内容であれば、対外的には良い結果が期待できる。他国が同様の文脈で憲法改正に取り組むときに「参照」されるような改正であればなおさらである（たとえば、アパルトヘイト体制から転換した南アフリカの１９９６年憲法は世界中の注目を集めた）。

他方、「不思議な国」と思わせたり、ましてや「反省したはずの過去に逆戻りしている」と思わせたりするようなものであれば良い結果とはいえないだろう。グローバル化の時代に、この結果は政治的にだけでなく、経済的にも望ましいだろうか。グローバル化している世界だからこそ、外国、そして国際社会からどのように見られるかという外的視点ももっておくことは今や欠かせない。

＊5 〈http://www3.weforum.org/docs/WEF_GGGR_2017.pdf〉

●——執筆者一覧（五十音順）

愛敬浩二（あいきょう・こうじ）［第Ⅰ部第1章、第Ⅱ部第8章、コラム1］
名古屋大学大学院法学研究科教授

青井未帆（あおい・みほ）［第Ⅱ部第1章］
学習院大学大学院法務研究科教授

江島晶子（えじま・あきこ）［コラム5］
明治大学法学部教授

奥村公輔（おくむら・こうすけ）［第Ⅱ部第6章、コラム4］
駒澤大学法学部准教授

阪口正二郎（さかぐち・しょうじろう）［第Ⅰ部第3章、第Ⅱ部第9章］
一橋大学大学院法学研究科教授

下山憲治（しもやま・けんじ）［第Ⅱ部第5章］
名古屋大学大学院法学研究科教授

高橋雅人（たかはし・まさと）［第Ⅱ部第7章、コラム3］
拓殖大学政経学部准教授

塚田哲之（つかだ・のりゆき）［第Ⅱ部第2章］
神戸学院大学法学部教授

中川　律（なかがわ・りつ）［第Ⅱ部第4章］
埼玉大学教育学部准教授

山本龍彦（やまもと・たつひこ）［第Ⅱ部第3章］
慶應義塾大学大学院法務研究科教授

横大道　聡（よこだいどう・さとし）［第Ⅰ部第2章、コラム2］
慶應義塾大学大学院法務研究科教授

《編者紹介》

阪口正二郎（さかぐち・しょうじろう）
一橋大学大学院法学研究科教授
『なぜ表現の自由か——理論的視座と現況への問い』（共編、法律文化社、2017年）、『注釈日本国憲法（2）』（共著、有斐閣、2017年）、『立憲主義と民主主義』（日本評論社、2001年）ほか

愛敬浩二（あいきょう・こうじ）
名古屋大学大学院法学研究科教授
『なぜ表現の自由か——理論的視座と現況への問い』（共編、法律文化社、2017年）、『立憲主義の復権と憲法理論』（日本評論社、2012年）、『改憲問題〈ちくま新書〉』（筑摩書房、2006年）ほか

青井未帆（あおい・みほ）
学習院大学大学院法務研究科教授
『憲法Ⅰ〈有斐閣ストゥディア〉』（共著、有斐閣、2016年）、『憲法と政治〈岩波新書〉』（岩波書店、2016年）、『逐条解説特定秘密保護法』（共著、日本評論社、2015年）ほか

憲法改正《けんぽうかいせい》**をよく考**《かんが》**える**　Taking Constitution Seriously

2018年5月25日　第1版第1刷発行

編　者　阪口正二郎・愛敬浩二・青井未帆
発行者　串崎　浩
発行所　株式会社日本評論社
東京都豊島区南大塚3-12-4（〒170-8474）
電話　03-3987-8631(編集)　03-3987-8621(販売)
振替　00100-3-16　　https://www.nippyo.co.jp/
印　刷　精文堂印刷株式会社
製　本　井上製本所
装　幀　図工ファイブ

Printed in Japan　ISBN 978-4-535-52295-4